日本人として心が豊かになる仏事とおつとめ 真言宗

大正大学学長
小峰彌彦◎監修

青志社

はじめに

とらわれの心を捨て、いま生きていることを喜ぼう

「親父ももう年だし、そろそろ葬儀のことも考えておかなければいけないな。うちの宗派は、たしか真言宗だった」

「私もこれまでの人生より、これからの人生のほうが短くなった。そんなことを思いながら行く末を考えていると、仏壇に手を合わせていた亡き父のことが頭をよぎった」

仏教を〝感じる〟のは、こんなときではないでしょうか。いずれにしても、仏教と死を結びつけて考えるのが一般的なのかもしれません。それもそのはず、ほとんどの方がお葬式や法事、それにお盆とお彼岸ぐらいしか仏教と接する機会がないのが現実です。

子供のころは毎朝、祖父母や両親に「仏さまに手を合わせなさい」といわれた方も多いことでしょう。いわれるままに仏壇に向かって手を合わせると、なぜかホッとして清々《すがすが》しい気持ちになったのではないでしょうか。

それが、高度経済成長時代を迎えて人口の流動が激しくなり、また核家族化が進むにつれて、

そんな心を豊かにしてくれる習慣が薄らいできました。

そもそも仏教とは「死者」のためにあるのではありません。幸せに生きるためにお釈迦さまが説いた「生きている者」への教えなのです。

お釈迦さまは「人生は苦である」といっています。苦とは単に〝つらい〟〝苦しい〟ということではありません。思いどおりにならない現実と、思いどおりにしたいという自分の欲求に板挟みになる苦しみです。そこでお釈迦さまは「現実を冷静に見つめることで、自分の思いどおりにしたいという執着がなくなれば、やすらかな気持ちになれる」という真理に至ったのです。

これがお釈迦さまの悟りです。

インドから中国、そして日本へ、お釈迦さまの教えをどうやって人々に伝えたらよいのか、高僧たちは考えました。だから、たくさんの宗派ができました。真言宗は、密教の教えをもとに弘法大師空海が開いた宗派です。仏事作法はもちろん、その教えにもふれて、人生の指針として活かしていただければ幸いです。

目次

——日本人として心が豊かになる仏事とおつとめ　真言宗

第3章 真言宗の仏壇とおつとめ

第4章
真言宗の行事としきたり

第5章
真言宗のお葬式

第6章 真言宗の法事

第7章 真言宗のお墓

❷ 開眼法要・納骨法要

❸ お墓参りの心得

第8章 心が豊かになる真言宗の名言

第1章

10分でわかる真言宗

❶三国伝来の真言密教
❷真言密教の教え
❸真言宗を代表するお寺

インドにはじまった雑部密教

密教がいつはじまったかは定かではありません。紀元前五世紀にインドに仏教が誕生する以前からあった民族宗教（バラモン教＝古代ヒンドゥー教）に端を発し、お釈迦さまの入滅後、大乗仏教と結びついて発達していったものと思われます。

そうして紀元四〜五世紀に成立した初期密教は、手に印《いん》を結び、各仏尊の真言《しんごん》（18頁参照）をとなえて病気平癒や延命、請雨《しょうう》などを願うといった現世利益《げんぜりやく》的なものでした。初期密教は未整理で雑然とした密教という意味で「雑部《ぞうぶ》密教」（雑密《ぞうみつ》）と呼ばれます。

体系化された純粋密教

七〜八世紀ごろ、「両部の大経」といわれる『大日経《だいにちきょう》』と『金剛頂経《こんごうちょうきょう》』が成立します。これらによって密教は「すべての仏尊は、教主大日如来《だいにちにょらい》の化身である」とする教えに理論化され、飛躍をとげます。

その実践方法として、曼荼羅図《まんだらず》（16頁参照）や密教法具、道場の結界作壇法《けっかいさだんほう》、古代の王の即位式を模した伝法灌頂《でんぽうかんじょう》の儀式（85頁参照）

などが体系化されていきました。

これが中期密教です。整備・体系化された密教として「純粋密教」（純密《じゅんみつ》）と呼ばれます。

インド僧が伝え、中国で開花した密教

八世紀、両部の大経は、早くも中国（唐《とう》）に伝わり、密教は全盛期を迎えます。

西インドからシルクロードを経て七一六年に長安《ちょうあん》（現在の西安《せいあん》）に着いた善無畏《ぜんむい》が『大日経』を伝え、漢訳しました。そして弟子の一行《いちぎょう》が師から口述で経典の解説を受け、注釈書『大日経疏《だいにちきょうしょ》』にまとめました。

『金剛頂経』は四年遅れて、金剛智《こんごうち》が南海経由で伝えました。さらに同年、不空《ふくう》が洛陽《らくよう》に来て金剛智の弟子となり、『金剛頂経』の金剛界曼荼羅を説く部分（『金剛頂一切如来真《こんごうちょういっさいにょらいしん》実摂大乗現証大教王経《じつしょうだいじょうげんしょうだいきょうおうきょう》』全三巻）を漢訳しました。

また不空は師の没後、インドに行って多くの金剛頂経系の密教経典を持ち帰り、漢訳しています。不空以後も漢訳がつづけられ、完訳されたのは宋《そう》の時代に入ってからでした。

金剛頂経系の密教を受け継ぐ不空の弟子のひとりに恵果《けいか》がいます。恵果はまた、善無畏の弟子の玄超《げんちょう》から大日経系の密教も受け継いで、両部密教を継承する唯一の僧でした。

両部密教の八祖となった空海

日本にもすでに飛鳥・奈良時代に雑密が中国を経て伝わっています。そして、呪術中心の雑密は山岳修行者に浸透していきました。山岳修行者として知られる役行者《えんのぎょうじゃ》は孔雀明王《くじゃくみょうおう》経法《きょうほう》を身につけていたといわれ、多くの伝説を残しています。そうした現世利益的な面が注目され、法相宗《ほっそうしゅう》の道昭《どうしょう》や玄昉《げんぼう》などが遣唐使船で唐に渡り、雑密教典を持ち帰りました。そのなかに純密経典の『大日経』も含まれていました。

若き空海は大学をやめ、山岳修行をしていたときに奈良の久米寺《くめでら》で『大日経』と出合い、唐へ渡る決心をします。またそのころ、最澄も比叡山《ひえいざん》に一二年間こもって修行をつづけていました。

八〇四年、空海と最澄は同時に遣唐使船で唐に渡ります。最澄は、天台山で天台教学（『法華経《ほけきょう》』を根本聖典とする天台智顗《てんだいちぎ》の教え）を学び、さらに密教・禅・戒律を学んで翌年帰国し、天台宗を開きました。いっぽう、空海は長安の青龍寺《しょうりゅうじ》で、前述の恵果から両部密教を受け継ぎました（くわしくは28頁参照）。そして密教の実践面と理論面を統合させ、教義化したのは空海といえます。

●真言密教の系譜

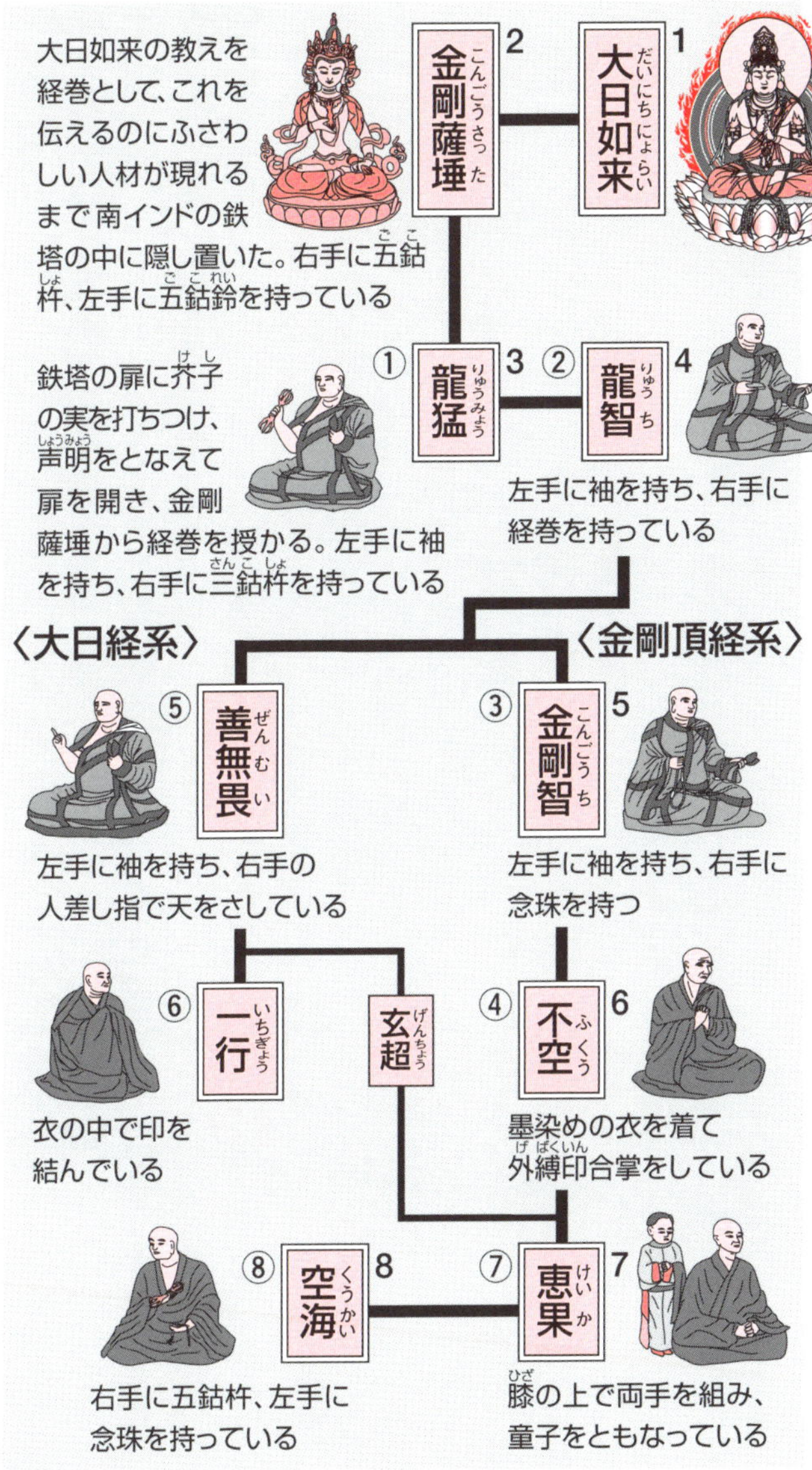
1 大日如来《だいにちにょらい》
2 金剛薩埵《こんごうさった》
大日如来の教えを経巻として、これを伝えるのにふさわしい人材が現れるまで南インドの鉄塔の中に隠し置いた。右手に五鈷《ごこ》杵《しょ》、左手に五鈷鈴《ごこれい》を持っている
① 3 龍猛《りゅうみょう》
鉄塔の扉に芥子《けし》の実を打ちつけ、声明《しょうみょう》をとなえて扉を開き、金剛薩埵から経巻を授かる。左手に袖を持ち、右手に三鈷杵《さんこしょ》を持っている
② 4 龍智《りゅうち》
左手に袖を持ち、右手に経巻を持っている
〈大日経系〉
〈金剛頂経系〉
⑤ 善無畏《ぜんむい》
左手に袖を持ち、右手の人差し指で天をさしている
③ 5 金剛智《こんごうち》
左手に袖を持ち、右手に念珠を持つ
⑥ 一行《いちぎょう》
衣の中で印を結んでいる
玄超《げんちょう》
④ 6 不空《ふくう》
墨染めの衣を着て外縛印《げばくいん》合掌をしている
⑦ 7 恵果《けいか》
膝《ひざ》の上で両手を組み、童子をともなっている
⑧ 8 空海《くうかい》
右手に五鈷杵、左手に念珠を持っている

＊1～8を「付法の八祖」という　＊①～⑧を「伝持の八祖」という

ちなみに中国では、恵果没後、密教は次第に衰退して道教に吸収されてしまいます。また、インドでもイスラム教の進出によって仏教は消滅しました。結果、密教は日本のみに残ったわけです。

空海は著書『付法伝《ふほうでん》』で「付法《ふほう》の七祖」と「伝持《でんじ》の七祖」の伝記と系譜を記しています。

付法の七祖は、教主大日如来にはじまり、金剛薩埵《こんごうさった》を経る金剛頂経系の系譜です。伝持の七祖は、龍猛《りゅうみょう》からはじまり、大日経系の善無畏と一行を加えた歴史上の人物で構成されています。真言宗のお寺には、空海を含めた真言八祖（伝持の八祖）の絵像がまつられています。

真言密教と天台密教のちがい

両者の大きなちがいは、最澄は「法華思想と密教は根本的に一致する」と考え、空海は「真言密教以外の教えはすべて顕教《けんぎょう》とし、真言密教に到達するまでの過程である」としたことです。

最澄の没後、弟子の円仁《えんにん》や円珍《えんちん》が唐に渡り、密教を学んで帰りました。こうして、天台密教は「台密《たいみつ》」と呼ばれ、真言密教は「東密《とうみつ》」と呼ばれて、競い合いながら皇族や貴族のあいだに浸透していきました。

真言密教の教主 大日如来

大日如来は「理の法身《ほっしん》」「智の法身」と呼ばれます。〝理〟とは、現象の背後にある真理そのものです。理の世界からすべてが生まれ出てくるので「大悲胎蔵《だいひたいぞう》」（大いなる慈悲《じひ》を蔵した世界）といわれます。そして、大悲胎蔵から流出してくるのが〝智〟（智慧《ちえ》）です。それは単なる分析ではなく、いっさいを直感する神秘的な智慧であり、金剛石《こんごうせき》（ダイヤモンド）のように堅固なものです。

また、大日如来は、その慈悲と智慧の光が昼夜を分かたず陰日向をつくらず、あらゆる人におよぶことから「遍照尊《へんじょうそん》」（摩訶毘盧遮《まかびるしゃ》那《な》）とも呼ばれます（44頁参照）。

両部の大経をよりどころとする

『大《だい》日経』は、正式には善無畏が漢訳した『大毘盧遮那成仏神変加持経《びるしゃなじょうぶつじんぺんかじきょう》』七巻をいいます。

金剛頂経系のお経はたくさんありますが、不空が漢訳した『金剛頂一切如来真実摂大乗現証大教王経』三巻を『金剛頂経』と呼んでいます。

『大日経』が大日如来の慈悲の世界、胎蔵界を明らかにしているのに対して、『金剛頂経』は大日如来の智慧の世界、金剛界を明らかにしています。真言宗の行事などでよく読まれる『般若理趣経《はんにゃりしゅきょう》』（80頁参照）も金剛頂経系のお経です。これは、人間の存在を全面的に肯定しており、まかりまちがうと欲望肯定論にとらえられかねないので秘経とされています。

両部曼荼羅は大日如来の世界

仏さまの悟りの世界を視覚化したものが曼荼羅図です。真言宗では、大日如来の慈悲を蔵した世界を図示した「胎蔵曼荼羅《たいぞうまんだら》」（大悲《だいひ》胎蔵生曼荼羅《たいぞうしょうまんだら》）と、大日如来の智慧の世界を図示した「金剛界曼荼羅《こんごうかいまんだら》」（九会曼荼羅《くえまんだら》）を重要視しています。

胎蔵曼荼羅は、中台八葉院《ちゅうだいはちよういん》の中央に座す大日如来から、仏さまの世界が四方八方に展開するかたちで描かれ、宇宙の真実の姿が示されています。

金剛界曼荼羅には、大日如来の智慧の展開が示されています。右下の九会《くえ》が私たち凡夫《ぼんぷ》の世界です。そこから中央の一会《いちえ》までの反時計回りが、修行を重ねて悟りに向かう道筋（向上門《こうじょうもん》）です。悟りを開いて成仏したら、今度は逆回りで人々を救うために教えを説く道筋（向下門《こうげもん》）をたどります（次頁参照）。

●胎蔵曼荼羅

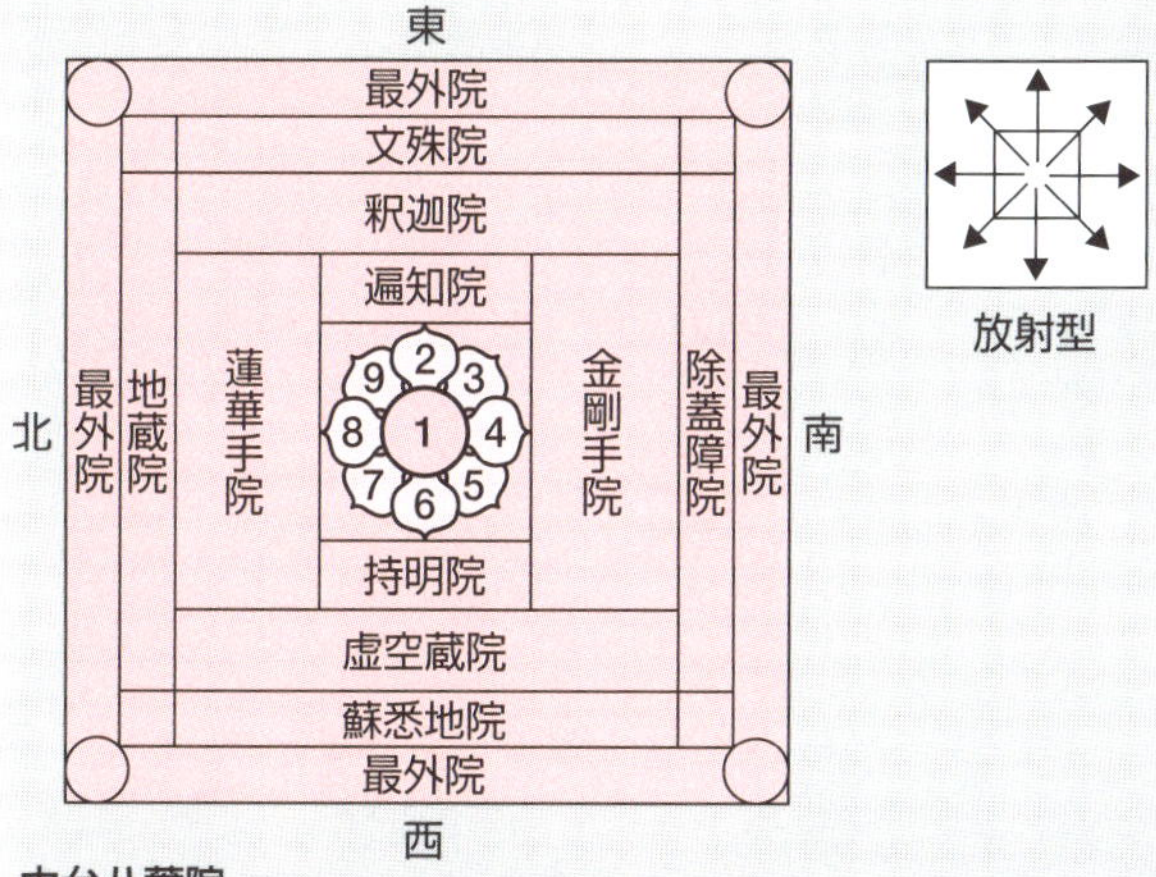

中台八葉院
1.大日如来 2.宝幢如来 3.普賢菩薩 4.開敷華王如来 5.文殊菩薩 6.無量寿如来 7.観音菩薩 8.天鼓雷音如来 9.弥勒菩薩

●金剛界曼荼羅

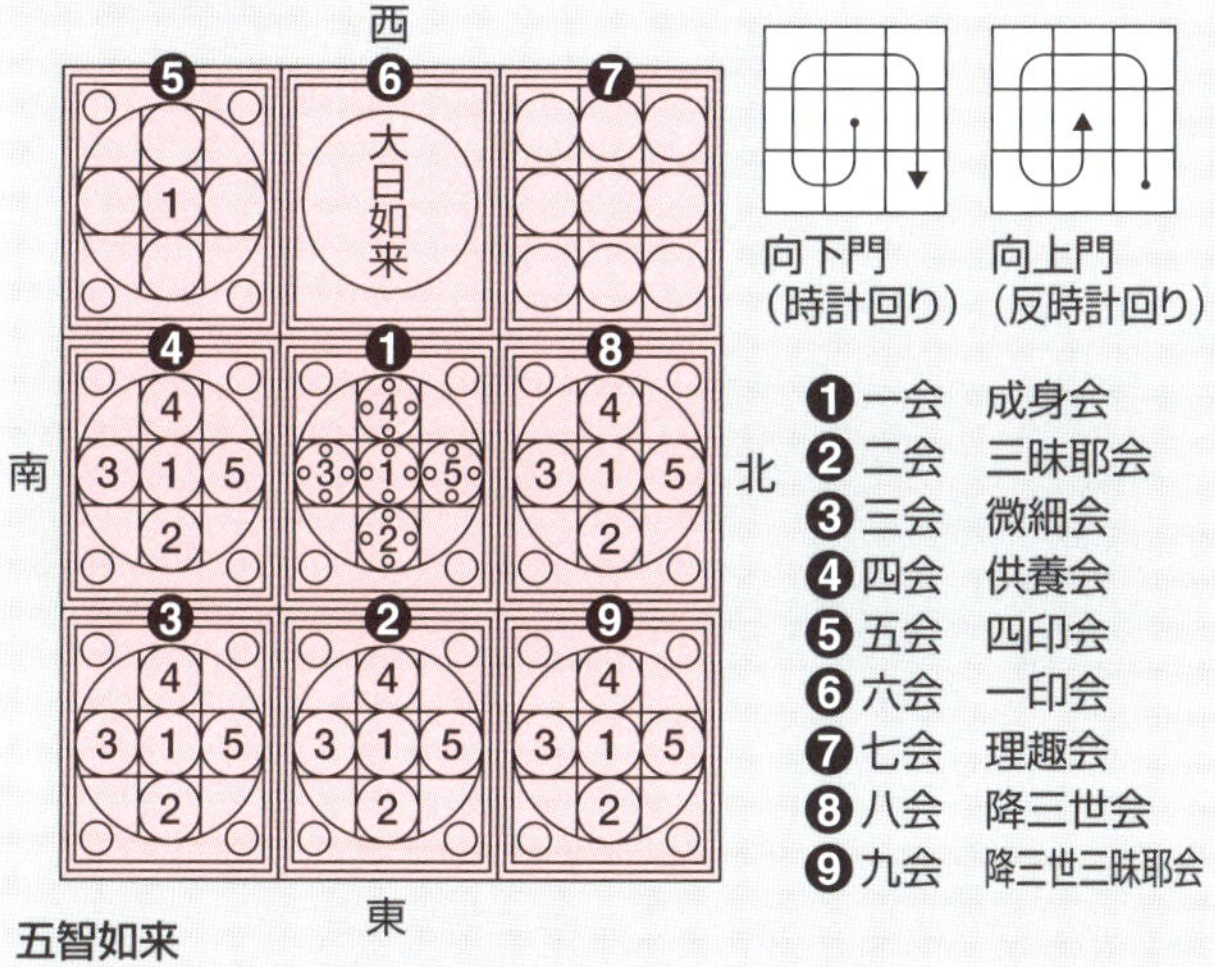

五智如来
1.大日如来 2.阿閦如来 3.宝生如来 4.無量寿如来 5.不空成就如来

●胎蔵界大日如来　●金剛界大日如来

＊二身は不離一体とされる

大日如来の真言と印

「真言《しんごん》」とは、仏尊の真実の言葉のことです。その長いものは「陀羅尼《だらに》」と呼ばれ、梵字《ぼんじ》一字や二字であらわしたものは「種字《しゅじ》」といいます。「印《いん》」というのは、手指を組んで仏尊の悟りの内容をあらわしたものです。

胎蔵界大日如来は黄金身で法界定印《ほっかいじょういん》を結び、金剛界大日如来は白色身で智拳印《ちけんいん》を結んでいます。法界定印は、煩悩《ぼんのう》を離れ、悟りの境地にあることを示し、智拳印は容易に破られない堅固な智慧を持つことを示しています。

即身成仏と三密修行

現在生きているこの身このままで仏さまになることができるというのが真言宗の「即身《そくしん》成仏《じょうぶつ》」の教えです。

私たちは本来、仏さまと変わらない心（仏性《ぶっしょう》）を持っているのですが、ふだんはそれを忘れてさまざまな煩悩に惑わされています。しかし、手に印を結び、口に真言をとなえ、心に仏さまを念ずる「三密修行」を行なうことによって、本来の心に気づくことができると説いています。

つまり、私たちの行為（身《しん》）と言葉（口《く》）と心（意《い》）を仏さまとひとつに合わせることによって、精神を含めた身体全体で直感的に悟りに至ろうとするのです。

空海の十住心の思想

空海は、真言密教の教えを、現実の人間の生き方として示してくれました。それが主著『十住心論《じゅうじゅうしんろん》』です。人の心は試行錯誤しながら、やがては同じ帰着点（成仏）に自然に到達すると考え、心の在り方（住心）を一〇段階で示したのです。

真言宗の本山はたくさんある

現在、真言宗には、古義真言宗の高野山真言宗をはじめ、新義真言宗の真言宗智山《ちさん》派・真言宗豊山《ぶざん》派など多くの門派があり、各派独立しています。また、皇族や貴族が出家して住職をつとめた門跡寺院が多いのも特徴です。

空海ゆかりのお寺、真言宗を代表するお寺を紹介します。

●善通寺《ぜんつうじ》（香川県善通寺市善通寺町）

空海の生誕地で、父佐伯直田公《さえきのあたえたぎみ》の荘園《しょうえん》跡に空海が唐から帰国直後に長安の青龍寺を模して建立したといわれています。寺名は、父の名「善通」から命名されました。

●神護寺《じんごじ》（京都市右京区梅ヶ畑高雄町）

空海が帰国後、最初に入った高雄山寺《たかおさんじ》です。八〇九年、嵯峨《さが》天皇が即位した三カ月後のことで、最澄のはたらきかけがあったといわれています。

高雄山寺は和気《わけ》氏の氏寺《うじでら》で、最澄はここで八〇二年に和気清麻呂《わけのきよまろ》の追悼のため『法華経』の講義を行ない、それが縁で和気氏の外護《げご》を受けるようになりました。唐から帰国した最澄は日本にはじめて密教の灌頂壇を開きますが、空海の請来目録《しょうらいもくろく》を見て自分が学んだ密教が不備であったことに気づいたのです。

●真言宗十八本山

空海

〈古義真言宗〉

- 高野山真言宗　総本山　金剛峯寺《こんごうぶじ》（22頁参照）
- 東寺真言宗　総本山　教王護国寺《きょうおうごこくじ》（東寺《とうじ》）（22頁参照）
- 真言宗善通寺派　総本山　善通寺《ぜんつうじ》（20頁参照）
  - 大本山　隋心院《ずいしんいん》（京都市山科区小野御霊町《おのごりょうちょう》）
- 真言宗大覚寺派　大本山　大覚寺《だいかくじ》（22頁参照）
- 真言宗御室派　総本山　仁和寺《にんなじ》（23頁参照）
- 真言宗山科《やましな》派　大本山　勧修寺《かじゅうじ》（23頁参照）
- 真言宗醍醐派　総本山　醍醐寺《だいごじ》（23頁参照）
- 真言宗泉涌寺派　総本山　泉涌寺《せんにゅうじ》（23頁参照）
- 真言宗須磨寺派　大本山　福祥寺《ふくしょうじ》（須磨寺《すまでら》）（兵庫県神戸市須磨区須磨寺町）
- 真言宗中山寺派　大本山　中山寺《なかやまでら》（兵庫県宝塚市中山寺）
- 真言三宝《さんぼう》宗　大本山　清澄寺《きよすみでら》（清荒神《きよしこうじん》）（兵庫県宝塚市米谷清《まいたにきよし》）
- 信貴山《しぎさん》真言宗　総本山　朝護孫子寺《ちょうごそんしじ》（奈良県生駒《いこま》郡平群町《へぐりちょう》信貴山）
- 真言律宗　総本山　西大寺《さいだいじ》（奈良市西大寺芝町）
  - 大本山　宝山寺《ほうざんじ》（奈良県生駒市門前町）

覚鑁《かくばん》

〈新義真言宗〉

- 新義真言宗　総本山　根来寺《ねごろじ》（24頁参照）
- 真言宗智山派　総本山　智積院《ちしゃくいん》（24頁参照）
- 真言宗豊山派　総本山　長谷寺《はせでら》（24頁参照）

空海は入寺して最初に国家安泰を祈願し、八一二年に最澄らにはじめて両部の結縁灌頂《けちえんかんじょう》（83頁参照）を授けました。

和気清麻呂が河内国《かわちのくに》（大阪府）に建立した神願寺《じんがんじ》と統合されて八二四年に「神護国祚真《じんごこくそしん》言寺《ごんじ》」（神護寺《じんごじ》）と改名されました。しかし、空海以後は衰退していき、鎌倉時代初期に再興されました。

現在は真言宗東寺派別格本山です。

●金剛峯寺《こんごうぶじ》（和歌山県伊都郡高野町《こうやちょう》高野山《こうやさん》）

八一六年に空海が真言密教の修行道場として嵯峨天皇より賜りました。以来、空海が著作活動と弟子の育成に励み、六二歳で入定《にゅうじょう》した地です。高野山真言宗総本山というだけでなく、真言宗各派の霊地とされています。

●教王護国寺《きょうおうごこくじ》（京都市南区九条町）

通称「東寺《とうじ》」。桓武《かんむ》天皇によって平安京の鎮護のため羅城門《らじょうもん》の左右に西寺《さいじ》（のち廃寺）と並んで創建されました。その後八二三年に空海が嵯峨天皇より下賜され、真言密教の根本道場としました。一九六三年に真言宗東寺派から分派し、現在は東寺真言宗総本山です。

また、毎月二一日の弘法市《こうぼういち》が有名です。

●大覚寺《だいかくじ》（京都市右京区嵯峨大沢町）

もとは嵯峨天皇の離宮で、飢饉《ききん》のときに天皇自ら『般若心経《はんにゃしんぎょう》』を写経し、持仏堂に五大《ごだい》明王《みょうおう》を安置して空海に祈願するよう命じたといわれています。八七六年、嵯峨天皇の甥《おい》で孫でもある恒寂法親王《こうじゃくほっしんのう》を開基として門跡寺院となりました。以来、写経道場として、また、嵯峨天皇が庭の菊の花を華瓶《けびょう》に生けたことにはじまる「いけばな嵯峨御流《さがごりゅう》」の家元として知られています。

●仁和寺《にんなじ》（京都市右京区御室大内《おむろおおうち》）

宇多《うだ》天皇が即位した翌年の八八八年に、父光孝《こうこう》天皇の遺志を継いで完成させたお寺です。皇室の庇護《ひご》を受けて興隆しました（32頁参照）。「御室桜《おむろざくら》」が有名です。

●勧修寺《かじゅうじ》（京都市山科区勧修寺仁王堂町《かんしゅうじにおうどうちょう》）

宇多天皇の第一皇子《みこ》である醍醐《だいご》天皇が生母の藤原胤子《ふじわらいんし》を弔うため九〇〇年に建立。醍醐天皇の甥《おい》の雅慶《がけい》（寛朝《かんちょう》と兄弟）以後、法親王が入寺する門跡寺院となりました。

●醍醐寺《だいごじ》（京都市伏見区醍醐東大路町）

八七四年に聖宝《しょうぼう》が醍醐山《だいごさん》の山上に草庵《そうあん》を結び、准胝観音《じゅんていかんのん》と如意輪観音《にょいりんかんのん》をまつったのがはじまりです。九〇七年に醍醐天皇の勅願寺として上醍醐に伽藍《がらん》が造営され、下醍醐にも五重塔などが立ち並び、整備されていきました。秀吉の「醍醐の花見」の舞台として有名です。

●泉涌寺《せんにゅうじ》（京都市東山区泉涌寺山内町）

空海が晩年に開いたといわれる古いお寺を一二一八年に俊芿《しゅんじょう》が再建。宋で学んだ俊芿は伽藍をすべて宋風につくり、その際に清水が湧き出たことから「泉涌寺」と命名しました。後鳥羽上皇《ごとばじょうこう》をはじめ歴代皇室の帰依《きえ》を受け、一二四二年に四条《しじょう》天皇の山陵《さんりょう》が営まれて以来、皇室の御香華院《ごこうげいん》（菩提所《ぼだいしょ》）となり、「みてら」と呼ばれています。

●根来寺《ねごろじ》（和歌山県岩出市《いわでし》根来）

真言宗中興の祖覚鑁《かくばん》が一一三二年に高野山に建立した伝法院《でんぽういん》にはじまります。覚鑁は鳥羽《とば》上皇の庇護のもと、東寺の支配を離れて高野山の権威復興と運営の革新をはかりますが、反対勢力との衝突を繰り返し、覚鑁はついに根来の地に隠棲《いんせい》。一二八八年に頼瑜《らいゆ》がこの地に伝法院を移転しました。その後、豊臣秀吉の根来攻めに遭い、根本大塔と大師堂を残して焼失。江戸時代に紀州徳川家の援助で復興されて新義真言宗の総本山となりました。

●智積院《ちしゃくいん》（京都市東山区東瓦町《ひがしかわらちょう》）

もとは根来寺の学頭《がくとう》寺院でしたが、秀吉の根来攻めにより焼失。学頭の玄宥《げんゆう》がその後、徳川家康《とくがわいえやす》から豊国《とよくに》神社の土地・堂舎を賜り、再興したのが智積院です。江戸時代、運敞《うんしょう》が智山《ちさん》教学を確立して多くの学僧を輩出。真言宗智山派の総本山となりました。

●長谷寺《はせでら》（奈良県桜井市初瀬《はっせ》）

奈良時代初期に開かれた観音霊場として昔から長谷詣《はせもうで》が盛んでしたが、戦国時代末期には荒れ果てていました。そこで秀吉が、根来攻めから逃れて隠棲していた学頭の専誉《せんよ》を入寺させたところから学僧が集まり、真言宗豊山派の総本山となりました。

第2章

真言宗の歴史

❶弘法大師空海の生涯
❷空海入定後、分化する真言宗
❸興教大師覚鑁の生涯
❹新義真言宗の成立
❺江戸時代以降の真言宗

神童の誉れ高く、上京し大学に入学

弘法大師空海は、奈良時代末期の七七四年に讃岐国《さぬきのくに》屏風《びょうぶ》ケ《が》浦《うら》（現在の香川県善通寺市）で生まれました。幼名を真魚《まお》といいます。父は地方豪族の佐伯直《さえきのあたえ》田公《たぎみ》、母は阿刀《あと》氏の出身で玉依《たまより》御前《ごぜん》といいました。

母方の伯父《おじ》である阿刀大足《あとのおおたり》は桓武天皇の皇《み》子《こ》に漢学を教授するほどの漢学者でした。

幼少のころから聡明であった真魚は一五歳のとき、この伯父のすすめで都にのぼります。そして伯父のもとで三年ほど学び、最高学府である大学に入学を許されます。

当時の大学は高級官吏の子弟のための官吏養成学校で、儒教の講義が中心でした。一門からも官吏として身を立てることを期待されていたはずです。ところが真魚は大学を中途退学してしまいます。

非常な努力家であり優秀な学生だった真魚は大学の勉強だけでは飽き足らず、奈良の諸大寺を訪ね、仏教に関心を寄せるようになります。都の堕落や世の中の不条理を目にし、立身出世のために学ぶことに疑問を感じたのです。そして仏教の教えに親しむにつれて、人生の目的や意義を教えてくれるのは仏教のように思えてきたからです。

求道者空海の壮絶な修行

そんなときに、ある修行者から虚空蔵《こくうぞう》求聞《ぐもん》持法《じほう》を授かったといわれています。それは、無量の智慧《ちえ》と福徳をそなえた虚空蔵菩薩の真言を一〇〇万遍となえれば、超人的な記憶力・理解力が得られるという密教の修行法でした。

真魚は、四国や畿内の人跡未踏の山野をめぐって身心の鍛練を重ねながら、虚空蔵求聞持法の修行をつづけました。

こうした体験を経て、ますます仏教への確信を深めた真魚は、二四歳のときに『三教指《さんごうしい》帰《き》』を著します。この書は、儒教・道教・仏教を比較して仏教がもっともすぐれていることを説いた、家族や周囲への出家宣言といえるものです。

これ以後、三一歳で遣唐使船で唐《とう》（中国）に向かうまでの消息は明らかではありませんが、山野をめぐって厳しい修行しながら、ときおり奈良の諸寺を訪ねて経典の研究にふけるというようなことを繰り返していたようです。久米寺《くめでら》で『大日経《だいにちきょう》』に出合ったのもこのころのことと思われます。

この経典は密教の根本経典のひとつで、たいへん難解なものでした。梵語《ぼんご》（古代インドのサンスクリット語）を音訳しただけの箇所もたくさんあり、とくに手に印《いん》を結ぶなどの作法を説く部分は師僧の指導を受けなければわからないところがありました。しかし密教は当時の日本ではまだよく知られていませんでしたので、自ら唐に渡って学ぶことを決心したのです。

得度《とくど》した時期は二〇歳、二五歳と諸説ありますが、三一歳の入唐《にっとう》の直前に東大寺戒壇院で受戒し、「空海」と改名したと思われます。

両部密教を受け継ぎ、真言宗を開宗

八〇四年七月、いよいよ念願がかない、私費留学生として遣唐使船に乗り込みますが、空海が乗った船は遭難して福州（現在の福建《ふっけん》省《しょう》）に漂着。そこから陸路で首都長安《ちょうあん》をめざし、翌年二月にようやく到着しました。ちなみに、最澄《さいちょう》も別の船で国費の短期留学生として入唐し、翌年帰国後、天台宗を開きます。

空海は数カ月で梵語を学ぶなど必要な教養を身につけ、両部密教を一身に受け継ぐ高僧として知られる青龍寺《しょうりゅうじ》の恵果《けいか》の弟子となります。恵果は空海を待っていたかのように密教のすべてを伝え、両部の結縁灌頂《けちえんかんじょう》、伝法灌頂《でんぽうかんじょう》を授けて半年後に亡くなりました。恵果の弟子は一〇〇〇人を超えていたと伝えられています。そのなかで空海が選ばれ、密教の八祖となったのです。また、空海は世界一の文化都市長安で医学・工学・文学・芸術など世界の最新知識を習得していました。

　師の葬儀を済ませるや長安を発《た》ち、膨大な密教経典や法具を携え、八〇六年に日本に帰国しました。予定よりも早い帰国に筑紫《ちくし》の観《かん》世音寺《ぜおんじ》（福岡県太宰府《だざいふ》市に現存）に留め置かれますが、朝廷に請来目録《しょうらいもくろく》を提出し、八〇九年に京都の高雄山寺《たかおさんじ》（のちの神護寺《じんごじ》、20頁参照）の住職を任ぜられます。

　じつは、この年に嵯峨《さが》天皇が即位したことと、請来目録を目にした最澄のはたらきかけによるものでした。空海は高雄山寺でまずはじめに国家安泰を祈願し、八一二年に最澄とその弟子たち百数十名に結縁灌頂を授けました。また、書と詩歌にすぐれた才能を持った嵯峨天皇は空海を尊敬し、空海もまた天皇を敬い、親交を深めていきます。

高野山の開創と東寺を根本道場に

嵯峨天皇の帰依《きえ》を受けて、真言宗はいよい

よ発展していきます。八一六年、四三歳になった空海は、密教の修行道場とするため高野山を賜ります。諸堂の建立に力を尽くすとともに、密教教学を体系化して著作活動に励み、弟子の育成に努めました。

また八二一年には、三年がかりでもできなかった満濃池《まんのういけ》（香川県まんのう町に現存）の修築工事を三カ月余で完成させています。

八二三年には、平安京鎮護のために建てられた東寺を下賜されて「教王護国寺《きょうおうごこくじ》」と改名し、真言密教の根本道場としました。さらに、隣接して日本初の庶民教育のための学校「綜藝種智院《しゅげいしゅちいん》」を開設しました。これが現在の「種智院大学」のはじまりです。

人々の幸せを願い、高野山にて入定

社会救済活動に偉大な功績を残し、また、芸術文化面でも非凡な才能を発揮した空海ですが、八三一年ころから健康がすぐれず、高野山への隠棲を決意します。高野山上にはようやく七堂伽藍《がらん》が整い、八三二年に万燈万華《まんどうまんげ》法会《ほうえ》が行なわれました。

空海は六二歳のとき、最後の仕事として、八三五年正月八日から後七日御修法《ごしちにちみしゅほ》（77頁参照）を行ないました。

その後、空海は高野山へもどり、三月二一

●弘法大師のおもな著書

『三教指帰《さんごうしいき》』3巻　仏教求道の宣言書
『弁顕密二教論《べんけんみつにきょうろん》』2巻　顕教よりも密教がすぐれていることを説いた書
『十住心論《じゅうじゅうしんろん》』10巻　真言密教哲学の真髄
『秘蔵宝鑰《ひぞうほうやく》』3巻　『十住心論』の要略
『即身成仏義《そくしんじょうぶつぎ》』1巻　即身成仏とは何かを説いた書
『吽字義《うんじぎ》』1巻　梵語「吽」の一字は大日経をあらわすことを説いた書
『声字実相義《しょうじじっそうぎ》』1巻　音響や現象はそのまま真理をあらわすことを説いた書
『般若心経秘鍵《はんにゃしんぎょうひけん》』1巻　『般若心経』の解説書
『付法伝《ふほうでん》』1巻　付法の七祖および伝持の七祖の略伝を記した書
『篆隷万象名義《てんれいばんしょうみょうぎ》』30巻　日本初の漢和辞典
『文鏡秘府論《ぶんきょうひふろん》』6巻　当時の文章論の最高権威
『性霊集《しょうりょうしゅう》』10巻　真済がまとめた空海の遺文集

日の寅《とら》の刻（午前四時前後）を入定《にゅうじょう》の時と定め、東寺を実恵《じちえ》に、高雄山寺を真済《しんぜい》に、そして高野山は甥《おい》の真然《しんぜん》に託して、一週間前より五穀断ちをし、手に大日如来の印を結び、坐禅観法に入りました。そして、遺体は入定後五〇日目に奥之院の霊廟に納められました。

「入定」とは、空海はいまなお生きて世の中の平和と人々の幸せを願っているという篤《あつ》い信仰心から生まれた言葉です。八六年後、醍《だい》醐《ご》天皇より「弘法大師《こうぼうだいし》」の諡号《しごう》とともに檜皮《ひわだ》色《いろ》の衣を下賜された報告のため、観賢《かんげん》が霊廟を開くと、空海の髭《ひげ》や髪がのびていたと伝えられています。これ以降、正御影供《しょうみえく》の衣替えの儀式はつづいています（74頁参照）。

権力争いと分化する真言宗

空海入定後の真言宗は、甥の真然が継承した高野山と、高弟の実恵に託された東寺を中心に発展していきます。

しかし、東寺のほうが都に近いこともあって、朝廷の庇護《ひご》・援助を受けやすかったといえます。支援者の獲得をめぐって高野山と東寺の対立は深まるいっぽうでした。

他方、皇族や貴族の関心は、国家鎮護よりも病気や不幸を退散させる個人的な祈祷に移っていました。嵯峨天皇の皇女（淳和《じゅんな》天皇皇后）が嵯峨離宮を皇子の恒寂法親王《こうじゃくほっしんのう》を開基として大覚寺《だいかくじ》（22頁参照）としたほか、宇多《うだ》天皇が仁和寺《にんなじ》（23頁参照）を創建して出家後は寛平法皇《かんぴょうほうおう》として入寺、「御室御所《おむろごしょ》」と呼ばれました。次いで、醍醐天皇が醍醐寺《だいごじ》（23頁参照）を勅願寺としました。

これに関係しているのが益信《やくしん》と聖宝《しょうぼう》です。ふたりは、実恵の弟子の源仁《げんにん》から伝法灌頂を授かった高僧です。

益信は、真如法親王《しんにょほっしんのう》（平城《へいぜい》天皇の皇子。天竺《てんじく》＝インドをめざし消息不明）とともに唐に渡り密教を学んで帰国した宗叡《しゅうえい》にも学んでおり、寛平法皇の出家に際して戒を授け、さらに伝法灌頂を授けました。以来、仁和寺は宗

聖宝 874年に醍醐寺を開いた真言宗醍醐派・当山派修験道の祖。諡号「理源大師」

仁海 991年、山科《やましな》小野の地に曼荼羅寺《まんだらじ》（のちの随心院《ずいしんいん》）を開く。また、請雨《しょうう》の法を9回行ない、そのたびに雨が降ったので「雨僧正」といわれる

寛朝 940年、朱雀《すざく》天皇より平将門《たいらのまさかど》の乱平定の密勅を受け、弘法大師が刻んだ不動明王を下総国《しもうさのくに》に安置して護摩を行なった（成田山新勝寺《なりたさんしんしょうじ》のはじまり）

門第一の門跡寺院となりました。

聖宝は、空海の弟の真雅《しんが》のもとで出家し、各地で山岳修行を積んだのち醍醐山に草庵《そうあん》を結びました。これが醍醐寺のはじまりです。

聖宝の弟子の観賢は、仁和寺・東寺・醍醐寺・金剛峯寺《こんごうぶじ》の長者《ちょうじゃ》・座主《ざす》を歴任した高僧ですが、宗門の権勢が分散していることを憂い、東寺を中心に真言宗の再編をはかりました。また、醍醐天皇より「弘法大師」の諡号を賜ったのも観賢のはたらきによるものです。

その後も、仁和寺の寛平法皇の孫の寛朝《かんちょう》（広沢流）と、醍醐寺から「雨僧正《あめそうじょう》」として知られる仁海《にんがい》（小野流）が出て、さらに分かれて「野沢《やたく》十二流」と呼ばれました。

真言宗中興の祖 覚鑁の登場

さて、平安時代末期には末法《まっぽう》思想が流行しました。これは、お釈迦さまの入滅後一五〇〇年（諸説ある）が経ち、仏道修行をしても救われない末法の時代に入ったとするもので、戦乱や災害に怯《おび》える人々は、比叡山《ひえいざん》からはじまった阿弥陀如来《あみだにょらい》（無量寿如来《むりょうじゅにょらい》）に救いを求める浄土信仰にすがりました。弘法大師の入定信仰（31頁参照）も末法思想によるものといえます。この浄土信仰を積極的に採り入れ、真言密教の刷新をはかったのが覚鑁《かくばん》です。

鳥羽上皇の庇護を受け、高野山改革

興教大師《こうぎょうだいし》覚鑁は、一〇九五年、肥前国藤津《ひぜんのくにふじつの》荘《しょう》（佐賀県鹿島市）で生まれ、幼名を弥千歳《やちとせ》麿《まろ》といいました。藤津荘は仁和寺成就院の所領で、父は荘司《しょうじ》でした。

聡明だった弥千歳麿は一三歳で仁和寺成就院の寛助《かんじょ》に入門します。二〇歳のときに東大寺戒壇院で受戒し、「覚鑁」と名を改めました。その後、高野山にのぼり修行して、二七歳の若さで寛助より伝法灌頂を授かりました。

当時、高野山は東寺の末寺的な存在になっ

ていました。そこで覚鑁は鳥羽《とば》上皇《じょうこう》に奏上し、一一三二年、高野山に伝法院《でんぼういん》と住房の密厳院《みつごんいん》を建立します。そして、実恵が八四七年に行なって以来途絶えていた、論議により教義を追究する大伝法会《だいでんぼうえ》を復活させました。

根来寺のきりもみ不動
密厳院を焼き討ちされたとき、覚鑁の身代わりとなって救ったといわれる

さらに覚鑁は、東寺長者が兼任していた高野山金剛峯寺の座主の座について、高野山在住の者がつとめるべきだと考え、金剛峯寺と伝法院の座主兼任を鳥羽上皇に進言しました。東寺の支配を離れ、高野山の独立をはかったのです。

それから二年後の弘法大師三〇〇年遠忌《おんき》の年、鳥羽上皇より院宣が下り、覚鑁が推薦した真誉《しんよ》が伝法院と金剛峯寺の座主となります。ところがすぐさま覚鑁にその座を譲ったため、東寺側の反発はもちろん、高野山内保守派からも嫉妬《しっと》や不満の声が噴き出しました。

一一三九年、とうとう保守派の暴徒が密厳院を焼き討ちし、覚鑁は伝法院の学僧七〇〇人とともに紀州《きしゅう》根来《ねごろ》（現在の和歌山県岩出《いわで》市）に隠棲《いんせい》しました。

根来に隠棲し、四九歳の若さで往生

覚鑁は、根来の地に円明寺《えんみょうじ》を建立し、伝法会道場としました。これが根来寺《ねごろじ》（24頁参照）のはじまりです。

ここで覚鑁は教学研究と弟子の指導に専念し、代表著作『五輪九字明秘密釈《ごりんくじみょうひみつしゃく》』を著しました。その内容は、当時流行していた浄土信仰に対して、「密教においては大日如来も阿弥陀如来も別ものではなく、極楽も密厳浄土も一処《いっしょ》の異名である。曼荼羅は密教の精髄《せいずい》であり、それを基盤に修行すれば即身成仏も極楽往生も可能である」というものです。覚鑁のもとには学僧が全国から集まりました。

覚鑁 1690年、東山《ひがしやま》天皇より「興教大師」の諡号を賜る

一一四三年、覚鑁は風邪をこじらせ、円明寺にて坐禅を組み、衣の袖の中で秘印を結び、口に真言をとなえながら眠るように往生した

といわれています。四九歳でした。

新義真言宗と豊山派・智山派の分派

覚鑁の没後、高野聖《こうやひじり》たちが念仏をとなえて各地で高野山へ納骨建墓の勧進《かんじん》をしたため皇族や貴族の高野山詣《もうで》が盛んになります。覚鑁の弟子たちも帰山を許され、高野山の伝法院は活気づきました。ところが鎌倉時代になっても金剛峯寺と伝法院の確執はつづいていました。一二八八年に伝法院の学頭の頼瑜《らいゆ》が伝法院と密厳院を根来寺に移します。これが新義真言宗のはじまりです。

根来寺は、戦国時代には寺領七二万石《ごく》、鉄砲で武装した「根来衆《ねごろしゅう》」と呼ばれる一万もの僧兵を擁していましたが、天下統一をはかる織田信長《おだのぶなが》に抵抗し、一五八五年の豊臣秀吉《とよとみひでよし》の根来攻めにより焼失（江戸時代に復興）。寺領一〇〇万石の高野山も例外ではありませんでしたが、木食応其《もくじきおうご》のはたらきによって秀吉と和議を結び、かろうじて難を逃れました。

根来寺の学頭だった専誉《せんよ》と玄宥《げんゆう》は、学僧とともに戦火を逃れて高野山や醍醐寺などを転々としていました。その後、専誉は秀吉の命《めい》で長谷寺《はせでら》（24頁参照）に入り、玄宥は徳川家康《とくがわいえやす》の時代になって秀吉をまつった豊国《とよくに》神社の社領を賜り、根来寺の学頭寺院であった智積院《ちしゃくいん》

専誉 真言宗豊山派の祖　玄宥 真言宗智山派の祖

（24頁参照）を再興させました。

これによって新義真言宗は、長谷寺を総本山とする豊山派《ぶざん》と、智積院を総本山とする智《ち》山《さん》派に分かれました。

当時、長谷寺は法相宗《ほっそう》でしたが、専誉の学徳を慕って多くの学僧が集まり、新義真言宗に転向。長谷寺の山号から「豊山派」と呼ばれるようになりました。のち、徳川五代将軍綱吉《つなよし》の生母が建立した護国寺《ごこくじ》を江戸の拠点として、末寺が増えていきます。

智山派では江戸時代、運敞《うんしょう》が智山教学を確立して多くの学僧を輩出。関東に教線を広げ、成田山新勝寺、川崎大師平間寺《へいけんじ》、高尾山薬王《たかおさんやくおう》院《いん》の関東三大本山などが知られています。

庶民の暮らしに仏教が浸透

江戸時代、幕府はキリスト教追放のために、住民はいずれかのお寺に所属しなければならないという檀家《だんか》・寺請《てらうけ》制度を徹底させました。また、軍事力を持てないように厳しい寺院法《はっ》度《と》を定めました。

平安時代から皇族や貴族に荘園などの寄進を受けて発展してきた真言宗は痛手を受けますが、寺領を返還する見返りに戦乱で焼けた東寺や仁和寺、大覚寺などが修復されました。また、教学振興策に則《のっと》って、諸大寺や関東の真言宗寺院にも勧学院や談林と呼ばれる学問所が設けられました。

仏教が庶民の暮らしのなかに浸透していったのも江戸時代です。お盆（盂蘭盆会《うらぼんえ》）やお彼岸（彼岸会《ひがんえ》）が生活行事となり、霊場めぐりも一般化しました。

高野山では、秀吉が生母の菩提《ぼだい》を弔うため現在の金剛峯寺の地に青巌寺《せいがんじ》を建立したのち、諸大名が競って奥之院参道に五輪塔を建て「天下の総菩提所」と呼ばれるようになり、庶民にも高野山詣がひろまりました。

また、弘法大師の霊場をめぐる四国八十八カ所をはじめ、西国《さいごく》三十三カ所や坂東《ばんどう》三十三カ所などの観音霊場めぐりが流行しました。

神仏分離と真言宗の再編成

明治時代になると、新政府の神道《しんとう》の国教化政策と「神仏分離令」発令によって、仏教界、とくに天台宗と真言宗は大きな打撃を受けました。なぜなら、「神は仏が人々を救うために姿を変えてこの世に現れたもので、神と仏は同体である」という神仏習合を積極的に採り入れて民衆を惹《ひ》きつけてきたからです。

また、天台宗の聖護院《しょうごいん》（本山派修験道《しゅげんどう》＝本山修験宗）や真言宗の醍醐寺三宝院《さんぼういん》（当山派修験道）などを拠点としていた修験道も廃止されました（のちに復興）。

仏教と神道の立場は逆転し、各地で排仏毀釈《はいぶつきしゃく》の嵐が吹き荒れ、お寺や仏像が打ち壊されました。しかし、仏教界が団結してはたらきかけたことによって「信教自由令」が発令され、少しずつ被害から立ち直りました。

また、明治政府の近代化政策によって僧侶の蓄髪《ちくはつ》、肉食《にくじき》、妻帯《さいたい》などの自由が認められ、高野山では女人《にょにん》禁制が解かれ、六三〇以上あったお寺が約一三〇に統廃合されました。

真言宗はめまぐるしく分派と独立を繰り返し多くの門派がありますが、一九五八年に「真言宗各派総大本山会」（真言宗十八本山）が結成され、連携をはかっています。

第3章

真言宗の仏壇とおつとめ

仏壇は一家の心のよりどころ

「うちには亡くなった人がいないから仏壇はまだいらない」という人がいますが、それはちがいます。

仏壇は、故人や先祖の位牌《いはい》も安置しますが、何よりもまず、本尊をまつるためのものです。「仏壇を購入すると死者が出る」「分家だから仏壇は必要ない」などといった迷信や誤解があるようですが、仏壇は故人や先祖がいる浄土をあらわし、一家の心のよりどころとなるものです。

死者が出てからあわてて買い求めるよりも、思い立ったときに購入するのがよいでしょう。

安置する方角に決まりはありませんが、南向きあるいは西方浄土を拝む意味で東向きが多いようです。

仏壇は仏さまの浄土

一般的な仏壇内部の構造は、上段を「須弥《しゅみ》壇《だん》」、その上の空間を「宮殿《くうでん》」といいます。

これは、私たちが住んでいるこの世界の中心には須弥山《しゅみせん》という高い山があり、その上に宮殿があって仏さまが住んでいるという仏教の宇宙観をあらわしています。

仏さまの世界として、もっともよく知られているのは阿弥陀如来《あみだにょらい》（無量寿如来《むりょうじゅにょらい》）の極楽浄土です。西方はるか彼方にあり、このうえもなく美しく、やすらかな世界だといわれています。ほかに、悟りを開いたお釈迦さまが説法する霊山《りょうぜん》浄土や、お釈迦さまが前世に住み、いまは弥勒菩薩《みろくぼさつ》が住んでいるという兜率《とそつ》天《てん》、悩み苦しんでいる人々の声を聞き、さまざまな姿に変身して救済してくれるという観《かん》音菩薩《のんぼさつ》が住む補陀落山《ふだらくせん》などがあります。

だから、どの宗派の仏壇も、須弥山をあらわす須弥壇は精巧な彫刻が施され、宮殿には本尊をまつるようになっています。

浄土とはそもそも色も形もない真実そのものの仏さまの世界ですが、その素晴らしさをなんとか目に見える形であらわそうとしたのが仏壇なのです。最近は、マンションの洋間にも似合うモダンな現代仏壇もあります。

仏壇の購入は宗派をしっかり伝えて

伝統的な仏壇は大きく分けて、黒檀《こくたん》や紫檀《したん》の木でできた唐木《からき》仏壇と、漆《うるし》で塗り金箔《きんぱく》で飾った金仏壇があります。金仏壇はおもに浄土真宗で用いられ、真言宗では木地を生かし落ち着いた唐木仏壇が多いようです。

なお、真言宗は数多く分派しており、お飾りする作法などもちがってきますので、仏壇購入の際には「真言宗智山派」などと、自分の宗派をしっかり伝えるようにしましょう。

家に仏壇を置くスペースがないときには無理して仏壇を購入する必要はありません。タンスの上などに本尊と三具足《みつぐそく》（46頁参照）を置くだけでも立派な仏壇です。

真言宗の本尊は大日如来

真言宗の本尊は大日如来《だいにちにょらい》です。

大日如来は、古代インドのサンスクリット語で「マハー・ヴァイローチャナ」といいますが、これを漢語に音写したのが「摩訶毘盧《まかびる》遮那《しゃな》」です。摩訶とは「偉大な」、毘盧遮那は「遍《あまね》く照らすもの＝光明《こうみょう》」という意味です。

真言密教では、大日如来は偉大なる太陽の

ように全宇宙に満ちている真理そのもの、つまり法身仏《ほっしんぶつ》であると考えます。

全宇宙は、絶対的な悟りの智慧《ちえ》による金剛界と、すべてを育み包み込む胎蔵界という両《りょう》部《ぶ》曼荼羅《まんだら》であらわされます（16頁参照）。これは、大日如来のはたらきを示しています。曼荼羅に描かれた諸仏・諸尊はすべて大日如来の化身（応身仏《おうじんぶつ》）であり、釈迦如来《しゃかにょらい》もこの世に仏法を説くために現れた姿だというわけです。ですから、真言宗のお寺ではそれぞれ縁故の仏さまを本尊としているのです。

家庭の仏壇では、中央に大日如来、脇侍《わきじ》として向かって右に宗祖弘法大師、左に煩悩《ぼんのう》を焼き払う不動明王《ふどうみょうおう》をまつるとよいでしょう。

仏壇・本尊を新しくしたら

仏壇を購入し、本尊をまつるときには、菩提寺の住職にお願いして開眼《かいげん》法要をしていただきます。「御霊《みたま》入れ」「お性根《しょうね》入れ」などともいわれ、本尊に命を吹き込んで本来のはたらきができるようにすることです。これによって、仏壇は仏さまの浄土となります。

仏壇を買い替えたときには、古い仏壇の「御霊抜き」を行なったうえで、新しい仏壇の御霊入れをします。また、位牌《いはい》やお墓などを新しくしたり、改修したときも同様です。

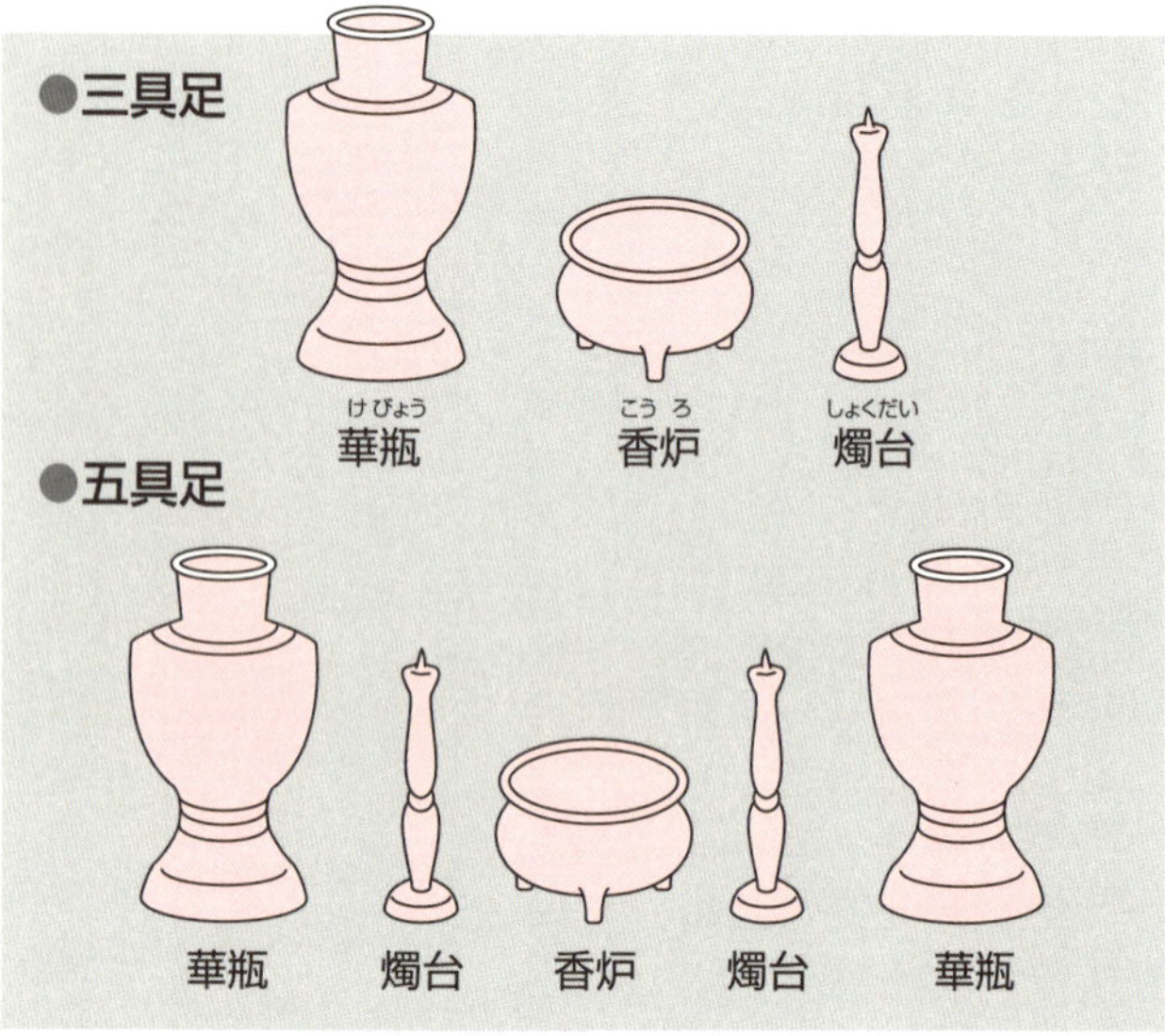

お飾りの基本は三具足

仏壇の仏具を調え、お飾りすることを「荘《しょう》厳《ごん》」といいます。基本となる仏具は、ろうそくを立てる燭台《しょくだい》、花を立てる華瓶《けびょう》、香をたき、あるいは線香を立てる香炉《こうろ》の三つです。これを「三具足《みつぐそく》」といいます。なお、年回（年忌）法要、お正月、お彼岸《ひがん》、お盆などの特別な仏事のときには、香炉の左右に燭台と華瓶を一対《いっつい》ずつ置いて「五具足《ごぐそく》」とします。

この「具足」とは、じゅうぶん満ち足りて何ひとつ欠けたものがないという意味です。

真言宗の仏壇のお飾りの仕方

仏壇のお飾りは、仏教各派によってちがいますが、仏壇の大きさなどによっても変わってきます。また、日常と特別な仏事のときとでちがってきます。

宮殿の中央に大日如来、向かって右に宗祖弘法大師、左に不動明王をまつり、それぞれ茶湯《ちゃとう》と仏飯《ぶっぱん》をそなえます。

位牌と過去帳は中段に安置します。このとき、古い位牌を向かって右に、新しい位牌を左にまつります。そして、高坏《たかつき》に半紙を敷いてお菓子や果物《くだもの》などの供物《くもつ》を盛り、左右にそなえます。命日やお盆などには、精進供《しょうじんぐ》や霊供膳《りょうぐぜん》をそなえます。

下段には、前述の三具足または五具足を配置します。仏壇の前には経机を置き、経本、念珠《ねんじゅ》（数珠《じゅず》）、リン（打ち鳴らし）、線香立てなどを置きます。

大きな仏壇では、灯籠《とうろう》や瓔珞《ようらく》などをつるし、華瓶とは別に「金蓮華《きんれんか》」（浄華《じょうか》）と呼ばれる造花を飾ることもあります。

仏壇が小さい場合は、本尊と三具足、茶湯、仏飯、リンがあればじゅうぶんです。その他のお飾りは住職や仏具店に相談してそろえていけばよいでしょう。

●真言宗のお飾り

❶本尊(大日如来)　❷脇侍《わきじ》(弘法大師)　❸脇侍(不動明王)

❹瓔珞《ようらく》(一対)　❺灯籠《とうろう》(一対)　❻茶湯器《ちゃとうき》　❼仏飯器《ぶっぱんき》

❽過去帳　❾位牌《いはい》　❿金蓮華《きんれんか》(一対)　⓫高坏《たかつき》(一対)

三具足　⓬華瓶《けびょう》　⓭香炉《こうろ》　⓮燭台《しょくだい》

＊特別な仏事のときは五具足とする

⓯経机 ⓰念珠《ねんじゅ》(数珠《じゅず》) ⓱経本 ⓲リン(打ち鳴らし) ⓳線香立て

＊三本足の仏具はかならず一本の足が正面にくるように置く

●真言宗の本尊と脇侍

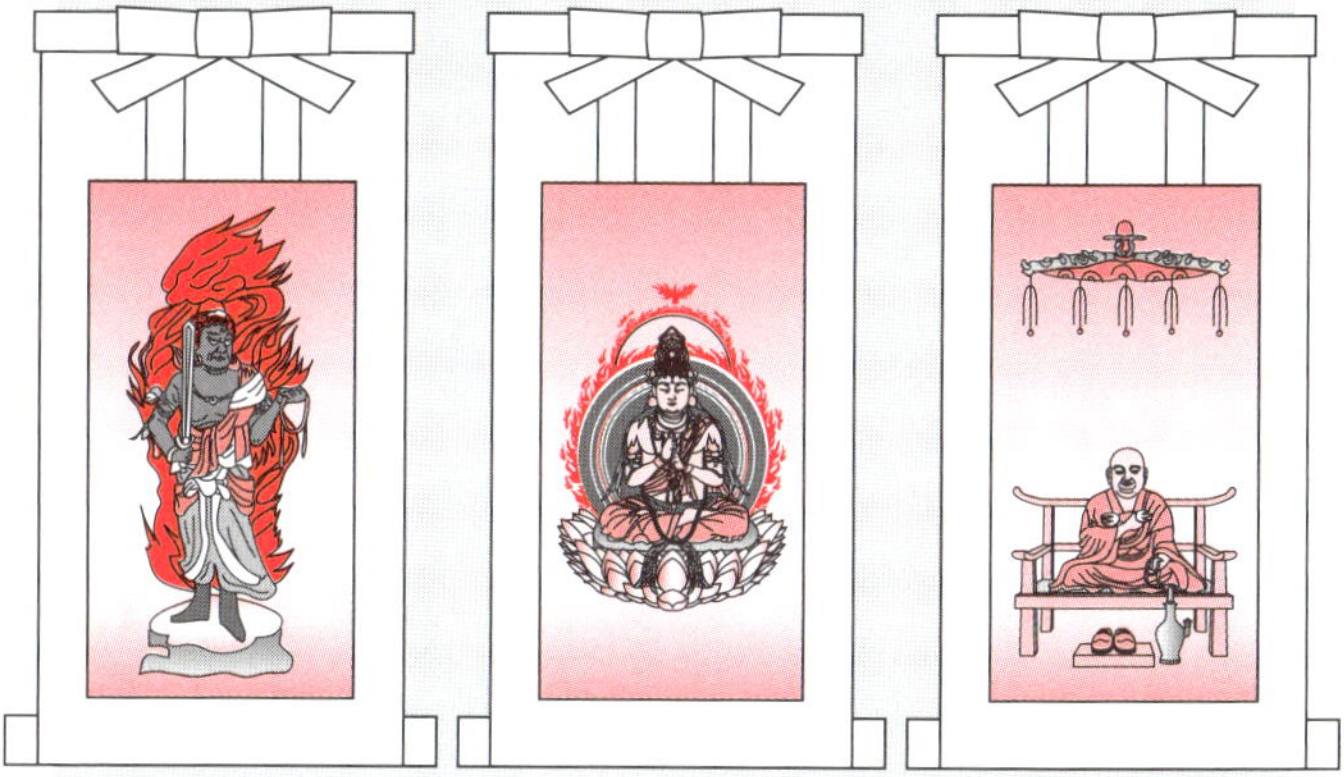

不動明王（左）　大日如来（中央）　弘法大師（右）

*木像でも掛軸でもよい

●精進供と霊供膳

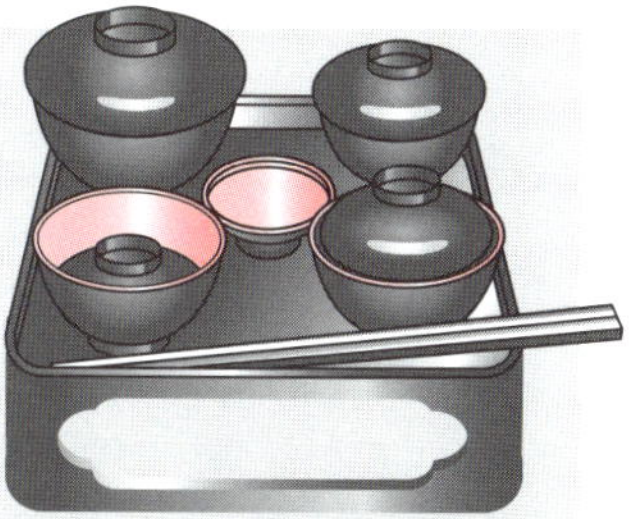

本尊にそなえる本膳を「精進供《しょうじんぐ》」、先祖の霊にそなえる本膳を「霊供膳《りょうぐぜん》」という

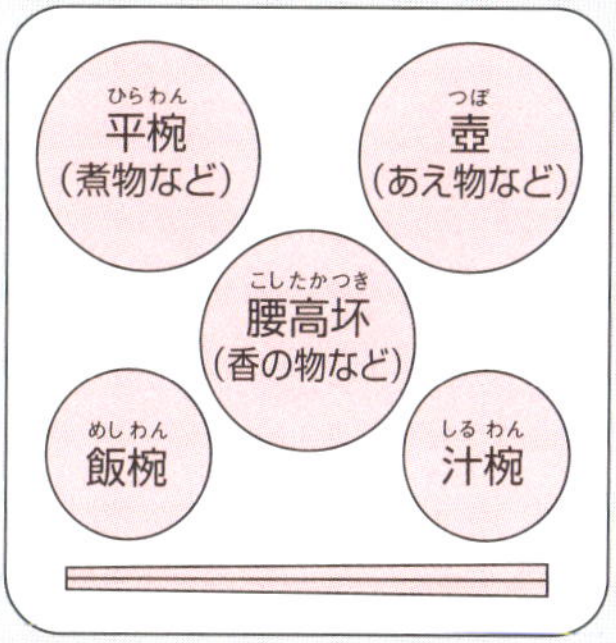

*仏前に箸が向くようにお膳をまわしてそなえる

位牌が多くなったら繰り出し位牌にする

位牌は、古く中国の後漢時代、儒教のならわしにより官位や姓名を小さな板に記してまつったことにはじまったものです。それが日本に伝わり、先祖供養という日本的な習俗の影響を受けて、現在のようなかたちになったといわれています。

お葬式で用いる白木《しらき》の位牌は四十九日《しじゅうくにち》の満《まん》中陰《ちゅういん》にお寺に納め、黒塗りや金箔を貼った本位牌に改めます。本位牌とはふつう、故人一人に対して一つつくる札位牌をいいます。

札位牌が多くなったときには、繰り出し位牌にまとめることができますので、菩提寺に相談します。繰り出し位牌というのは、屋根や扉がついたもので、このなかに札板が数枚入るようになっています。命日や法事のときに、それぞれの札板を前に出して見えるようにします。

過去帳は「霊簿《れいぼ》」ともいい、故人の法名《ほうみょう》（戒名《かいみょう》）や俗名《ぞくみょう》、命日、享年《きょうねん》を記します。

位牌や過去帳は、永遠の過去からいまの私につながる尊い命のしるしです。

●繰り出し位牌

日常のおつとめは自身の修行と祈り

おつとめは「勤行《ごんぎょう》」ともいいます。日課として朝夕、仏さまにお経をあげることです。毎日おつとめするのはなぜかといえば、三つの目的があります。

第一には、災いを除き福徳を招くことです。おつとめをつづけていると、仏さまという人間を超えた存在を徐々に実感できるようになり、すべてに対して謙虚な気持ちが生まれます。謙虚な心から発する言葉や行動は相手に対して温かみがあり、自然に福徳が集まってくるのです。

第二は、自分自身の修行のためです。懺悔《さんげ》し、『十善戒《じゅうぜんかい》』（83頁参照）を守ろうと努力をつづけることが向上心につながります。

第三は、先祖への感謝です。いま自分があるのは祖父や祖母、両親のおかげであり、自分も寿命が来たら先祖のもとへ還《かえ》っていくのだと思うと、生死の断絶は感じられなくなります。感謝の心をあらわす方法は祈りです。周囲の人々の幸せに心くばりができる人間になれるよう、そして自分の死を受容できるように祈ることで、やすらぎが得られます。

おつとめの基本は合掌礼拝

真言宗では、手指を組んで独特の形をつくります（印《いん》を結ぶという）が、これは僧侶が修行の際に用いるものなので、檀信徒は「蓮《れん》華《げ》合掌」（虚《こ》心《しん》合掌）と「金剛合掌」（帰《き》命《みょう》合掌）を覚えておけばよいでしょう。

右手を仏さま、左手を自分として両手を合わせます。このとき、五指をそろえて蓮華のつぼみのように中が少しふくらむ形にするのが蓮華合掌です。

金剛合掌は、右の指を上にして左右の指先を組み合わせます。これは、金剛石（ダイヤモンド）のようにかたい信仰心をあらわし、強い祈りや願いが込められています。

礼拝《らいはい》は、合掌の姿勢、口にお経や真言をとなえ、心に仏さまを念ずる三密修行です。

立って合掌した姿勢から額《ひたい》と両手の甲を床《ゆか》につける「五体投地の礼拝」が正式ですが、家庭ではすわった姿勢からはじめる方法でよいでしょう。または、合掌のまま上体を四五度傾ける礼拝でもかまいません。礼拝は仏《ぶつ》・法《ぽう》（教え）・僧《そう》の三宝《さんぽう》に帰依する意味で三度繰り返します。

また、仏前で礼拝するときには、輪《わ》袈《げ》裟《さ》があれば首にかけ、念珠を左手にかけます。

●蓮華合掌

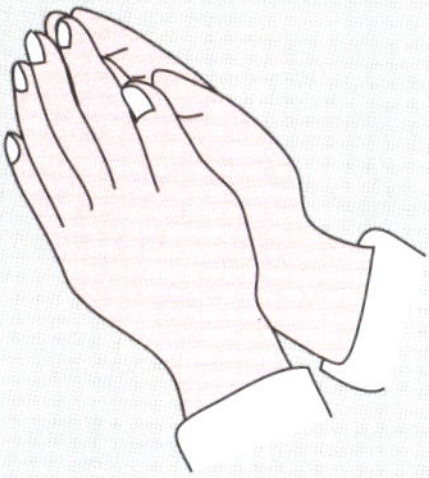

●金剛合掌

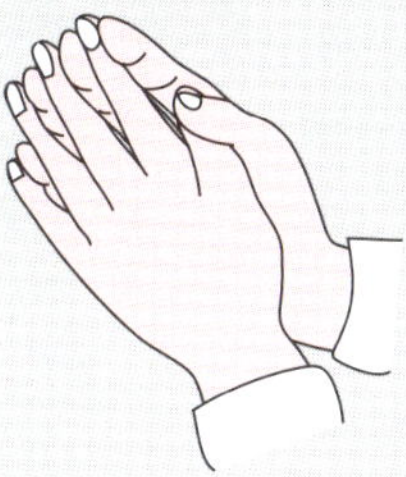

●五体投地の礼拝

①仏前に立ち、合掌する
②合掌したまますわる
③上体を倒しながら
両手のひらを上に向ける
④両手のひじ、手の甲、
額を床につける
⑤両手の甲を上にあげる

＊①～⑤を3度繰り返す
＊家庭では②からはじめてもよい

念珠は礼拝するときの身だしなみ

いろいろな珠数《たまかず》のものがありますが、真言宗では弘法大師が唐《とう》から持ち帰った一〇八珠のものを標準とし、「本連《ほんれん》」と呼んでいます。この念珠を軽く三度すり合わせれば、一〇八ある煩悩をすり減らし、慈悲深い胎蔵曼荼羅の諸尊に通じるといわれています。

本連の念珠には、一〇八の小さい子珠のほかに二つの大きな親珠があり、糸の結び目側を「中珠《ちゅうしゅ》」（緒留《おどめ》）、反対を「母珠《もしゅ》」（達磨《だるま》）といいます。

本連の念珠の作法は真言宗各派でちがいます。智山派では、おつとめのはじめと終わりに母珠を左手の中指にかけ、中珠を右手の中指にかけて房を手のひらのなかに包み込んで合掌し、左手側を下にしてすり合わせます。五体投地の礼拝や読経中は一重で母珠を上にして左腕にかけておき、真言やご宝号をとなえるときに子珠を繰って回数をかぞえます。そのため、七珠と一四珠をはさんで「四天《してん》」と呼ばれる珠が左右対称に入っています。

檀信徒は略式の短念珠でよいでしょう。その場合、合掌のときは房を下にして左手の四指にかけて親指で軽く押さえます。できれば、家族全員がそれぞれに持ちたいものです。

●本連の念珠の作法

*達磨とは、真理のこと
*補処の弟子とは、次の世には仏に成ることが約束された菩薩のこと

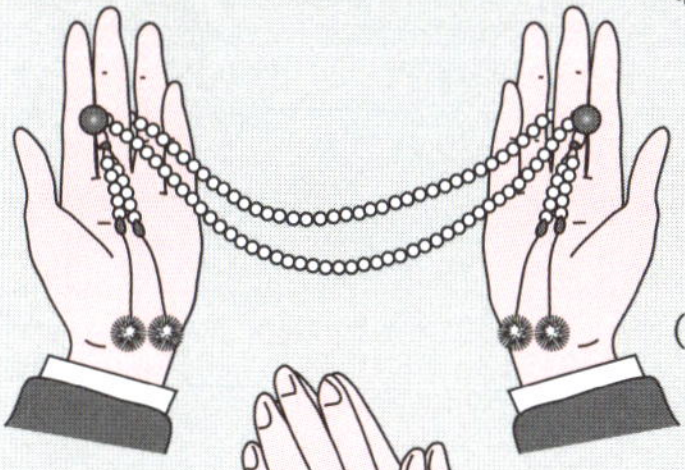

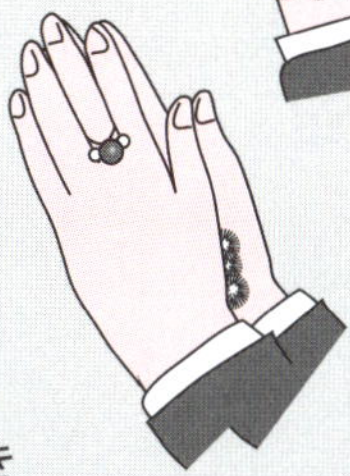

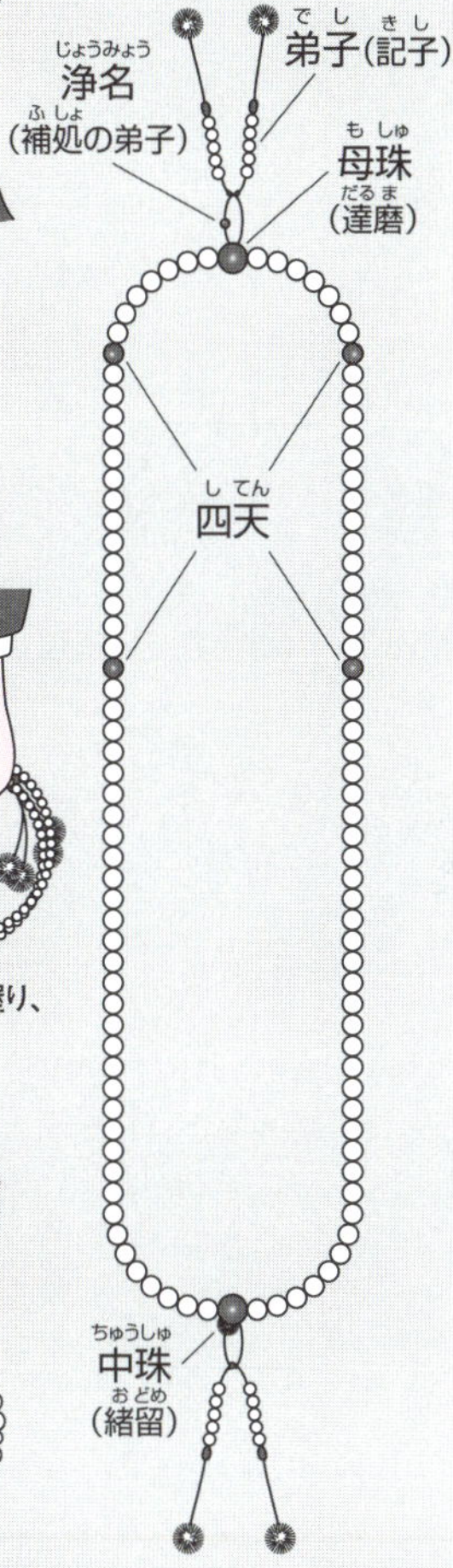

合掌のとき

*母珠を左手の中指にかけ、
中珠を右手の中指にかけて
房を手のひらのなかに包み込む

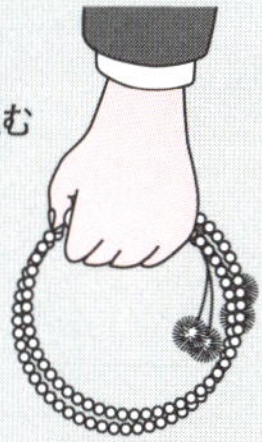

持つとき

*二重にして両房を左手で握り、
母珠を親指で押さえる

●短念珠の作法

持つとき

*左手で持つ

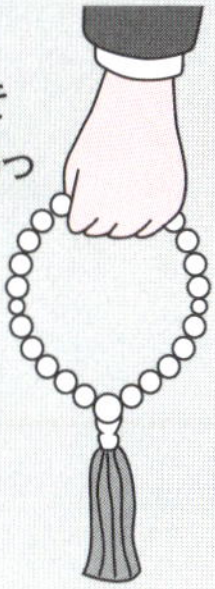

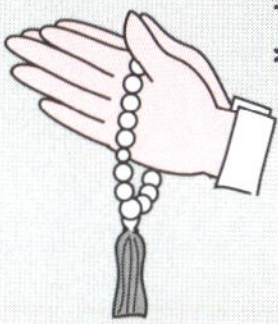

合掌のとき

*左手の四指にかける

お給仕を調えてからおつとめをする

朝夕二回のおつとめが原則ですが、できないときはどちらか一回でもおつとめしたいものです。

真言宗では「礼拝は供養のあと」といって、六種供養（次頁参照）のお給仕を大切にしています。

朝起きて洗顔後、華瓶の水をとりかえ、炊きたての仏飯と茶湯をそなえます。ご飯が炊けていなかったら、おつとめのあとでもかまいません。また、朝食がパン食の家庭はパンでもかまいません。仏飯は正午までに下げます。夕《ゆうべ》のおつとめでは基本的に仏飯はそなえません。それは、お釈迦さまの時代の食事は朝昼の二回だったことからです。

そして、ろうそくに火をともし、その火で線香に火をつけます。線香は三本立てます。

お給仕が調ったら仏壇の前に正座して、おつとめをはじめます。リンはおつとめのはじめと終わり、読経の区切りに鳴らすものなのでむやみに鳴らさないようにします。

また、経本や念珠、輪袈裟は、床や畳の上などには直接置かず、かならず敷物や台の上に置くようにします。経本や輪袈裟は、菩提寺を通じて求められます。

おそなえの基本は六種供養

供物は供養の心のあらわれです。

真言宗では「六種供養」といって、六波羅蜜《ろくはらみつ》（75頁参照）と結びつけて説明されます。

▼**茶湯** 正式には「閼伽《あか》」といって水のことです。水はすべてのものを育む命の根源であることから、布施《ふせ》の徳とされています。

▼**塗香《ずこう》** 仏前では、両手に香《こう》を塗って身心を清めるのが基本とされています。邪気を近づけないことから持戒《じかい》の徳とされています。

▼**華曼《けまん》（花）** 嫌なことをすべて忘れさせ、人々の心を温かく和やかにしてくれる花は、忍辱《にんにく》の徳とされています。また、仏さまの慈悲の心の象徴でもあるので、かならず生花を私たちのほうへ向けて飾ります。

▼**焼香** いったん火をつけると休みなく燃えつづけ、くまなく行き渡るので、精進《しょうじん》の徳とされています。

▼**飲食《おんじき》** 空腹では身も心も落ち着きませんが、おなかを満たすとしずまります。そこで、心の散乱をしずめ、物事を正しくとらえて真理を悟る禅定《ぜんじょう》の徳とされています。

▼**灯明《とうみょう》** おつとめの際にともすろうそくの光は、いっさいの闇《やみ》を照らし、私たちを歩むべき道に導いてくれる仏さまの智慧《ちえ》の徳です。

●線香の作法

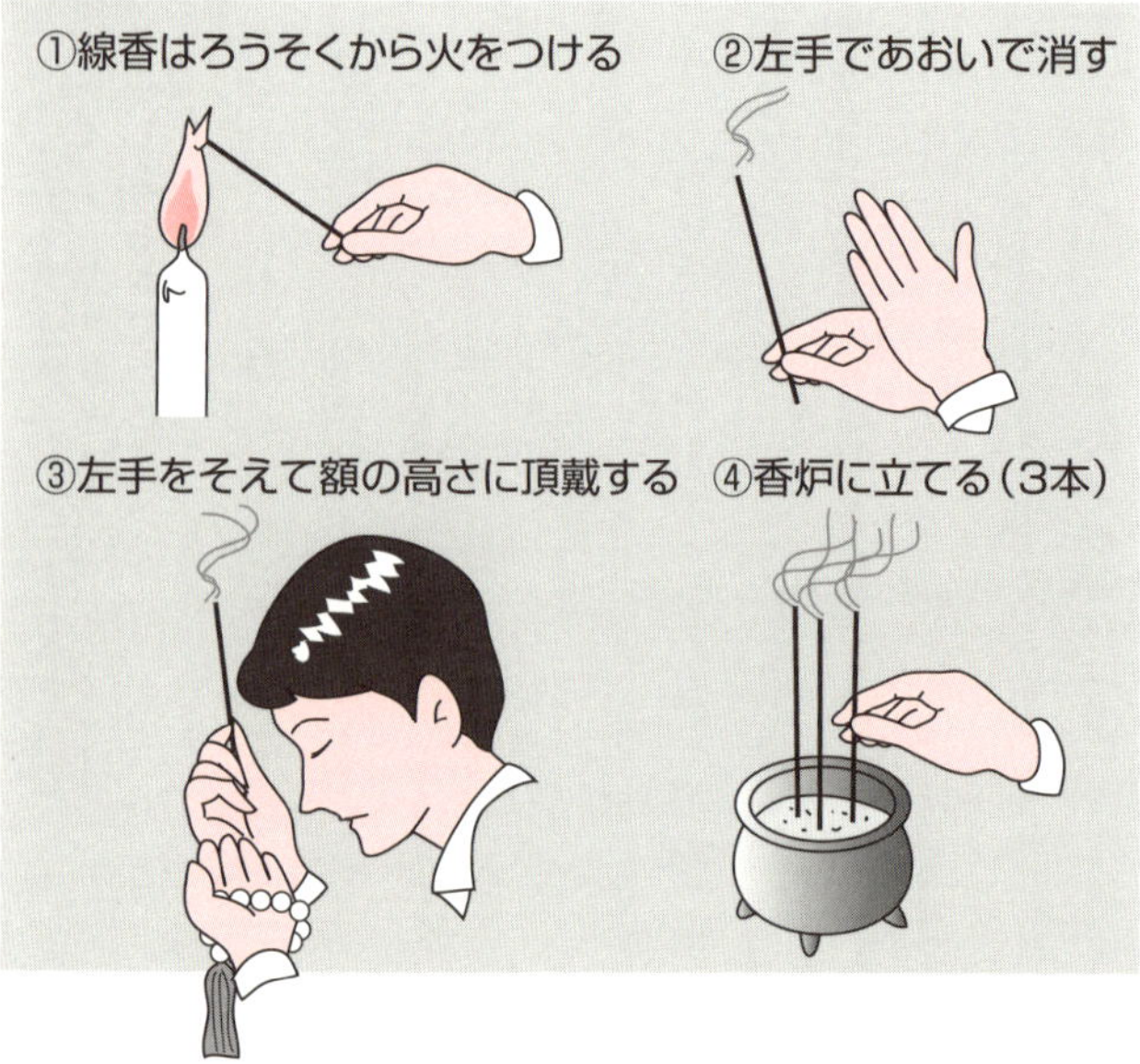
①線香はろうそくから火をつける
②左手であおいで消す
③左手をそえて額の高さに頂戴する
④香炉に立てる（3本）

智山派の日常のおつとめ

真言宗の日常のおつとめで読まれるお経は多くありません。『般若心経《はんにゃしんぎょう》』を中心に、その前後に仏さまを礼拝する言葉や願文《がんもん》、真言などをとなえます。

おつとめの仕方は真言宗各派でちがいますので、ここでは智山派の『智山勤行式』を紹介します。最近はカセットテープやCDが市販されていますが、とくに真言のとなえ方は口伝を重視するため、菩提寺の住職に習うのがよいでしょう。

●おつとめの仕方

①合掌礼拝する
（3度）
②経本を額の高さに頂戴する
③はじめと終わりに
リンを2回打つ
④合掌礼拝する
（3度）

●経本の正しい持ち方

●リンの打ち方

バイ（打ち棒）を
軽く持ち、
外側を打つ

●智山勤行式

❶懺悔文《さんげのもん》（次頁参照）——いままでの悪い行ないを告白し、許しを願う

❷三《さん》帰《き》礼《らい》文《もん》——この世に生を受けて仏教にめぐり遇えた喜び、これからは仏教徒として仏道修行に精進することを誓う

❸十善《じゅうぜん》戒《かい》（83頁参照）——戒めを持つことで、よい習慣が身につく

❹発《ほつ》菩《ぼ》提《だい》心《しん》真《しん》言《ごん》（62頁参照）——悟りに向かって心を奮い立たせる真実の言葉

❺三《さん》昧《ま》耶《や》戒《かい》真《しん》言《ごん》——迷いの世界に生きるものすべてを救いたいという仏さまの心と一体になれるよう願う真実の言葉

❻開経文《かいきょうのもん》（63頁参照）——経文をひも解くにあたってとなえる偈文《げもん》（詩句）。仏教各宗派でとなえられている

❼般《はん》若《にゃ》心《しん》経《ぎょう》（64頁参照）——弘法大師は著書『般若《はんにゃ》心経《しんぎょう》秘《ひ》鍵《けん》』で、いっさいの苦厄が除かれる“智慧の真言”と紹介している

❽光明《こうみょう》真《しん》言《ごん》（66頁参照）——仏さまの光明に照らされ、迷いや執着が消えて心のやすらぎが得られる真実の言葉

❾ご宝《ほう》号《ごう》（67頁参照）——仏さまや祖師の名を一心にとなえ、救いと導きを願う

❿普《ふ》回《え》向《こう》（68頁参照）——おつとめの功徳を他に回し向けてもらう偈文。仏教各宗派でとなえられている

懺悔文

我《われ》昔《むかし》より造《つく》る所《ところ》の諸々《もろもろ》の悪業《あくごう》は、
皆《みな》無《む》始《し》の貪《とん》瞋《じん》癡《ち》に由《よ》る、
身《しん》語《ご》意《い》従《よ》り生《しょう》ずる所《ところ》なり。
一切《いっさい》我《われ》今《いま》皆《みな》懺悔《さんげ》したてまつる。

【意訳】

私がいままでに招いた悪い結果の原因は、すべてはるかな過去からの貪《むさぼ》り・瞋《いか》り・癡《おろか》さにもとづく、私自身の身《からだ》・語《ことば》・意《こころ》から生じたものです。

私はいま、それらのいっさいを仏さまの前で悔い改めます。

発菩提心真言

おん　ぼうちしった
ぼだはだやみ　（三反）

三昧耶戒真言

おん　さんまやさとばん　（三反）

【意訳】
オーン（仰ぎたてまつります）。私は仏教徒として人格の向上をこころがけます。
※三回繰り返す

【意訳】
オーン（仰ぎたてまつります）。
私は仏さまの心をわが心として生きていきます。
※三回繰り返す

開経文

無《む》上《じょう》甚《じん》深《じん》微《み》妙《みょう》の法《ほう》は、
百千万劫《ひゃくせんまんごう》にも遭《あ》い遇《お》うこと難《かた》し。
われ今《いま》見聞《けんもん》し受持《じゅじ》することを得《え》たり。
願《ねが》わくは如来《にょらい》の真実義《しんじつぎ》を
解《げ》せんことを。

【意訳】

このうえなく奥深い仏さまの教えは、どんなに長い時間をかけても、なかなかめぐり遇えるものではありません。

しかし、私たちはいま、そのありがたい教えを見て聞いて受け取る機会を得ることができました。

どうか、仏さまの究極の教えが理解できますように。

般若心経

仏説摩訶般若波羅蜜多心経《ぶっせつまーかーはんにゃーはーらーみーたーしんぎょう》
観自在菩薩《かんじーざいぼーさつ》。　行深般若波羅蜜多時《ぎょうじんはんにゃーはーらーみーたーじー》。
照見五蘊皆空《しょうけんごーうんかいくう》。　度一切苦厄《どーいっさいくーやく》。
舎利子《しゃーりーしー》。　色不異空《しきふーいーくう》。　空不異色《くうふーいーしき》。　色即是空《しきそくぜーくう》。
空即是色《くうそくぜーしき》。　受想行識《じゅーそうぎょうしき》。　亦復如是《やくぶーにょーぜー》。
舎利子《しゃーりーしー》。　是諸法空相《ぜーしょーほうくうそう》。　不生不滅《ふーしょうふーめつ》。
不垢不浄《ふーくーふーじょう》。　不増不減《ふーぞうふーげん》。
是故空中《ぜーこーくうちゅう》。　無色無受想行識《むーしきむーじゅーそうぎょうしき》。
無眼耳鼻舌身意《むーげんにーびーぜっしんにー》。　無色声香味触法《むーしきしょうこうみーそくほう》。
無眼界乃至無意識界《むーげんかいないしーむーいーしきかい》。　無無明亦無無明尽《むーむーみょうやくむーむーみょうじん》。

【大意】

お釈迦さまが説かれた
般若波羅蜜多《はんにゃはらみた》の核心を示す教え

〈観音菩薩《かんのんぼさつ》を主人公とし、お釈迦さまの十大弟子の一人、智慧《ちえ》第一の舎利弗《しゃりほつ》に説法をする設定になっています〉

　はるか昔、観音菩薩が般若波羅蜜多（真実に目覚める智慧によってやすらぎの世界に至ること）の修行をしていたとき、この世界を構成している物質と精神は実体がない〝空《くう》〟であると悟り、あらゆる苦しみから抜け出すことができました。

　舎利弗よ、この世における形あるものはすべて実体がないものであり、実体がないものが形となっているのです。それは、感覚、想《おも》い、意志、認識ということも同様です。

　つまり、真実に目覚める智慧によって照らされた世界の本当の姿は、生じ乃至無老死《ないしーむーろうしー》。亦無老死尽《やくむーろうしーじん》。
無苦集滅道《むーくーしゅうめつどう》。無智亦無得《むーちーやくむーとく》。以無所得故《いーむーしょーとくこー》。
菩提薩埵《ぼーだいさったー》。依般若波羅蜜多故《えーはんにゃーはーらーみーたーこー》。
心無罣礙《しんむーけいげー》。無罣礙故《むーけいげーこー》。無有恐怖《むーうーくーふー》。
遠離一切顛倒夢想《おんりーいっさいてんどうむーそう》。究竟涅槃《くーぎょうねーはん》。
三世諸仏《さんぜーしょーぶっ》。依般若波羅蜜多故《えーはんにゃーはーらーみーたーこー》。
得阿耨多羅三藐三菩提《とくあーのくたーらーさんみゃくさんぼーだい》。
故知般若波羅蜜多《こーちーはんにゃーはーらーみーたー》。是大神呪《ぜーだいじんしゅー》。
是大明呪《ぜーだいみょうしゅー》。是無上呪《ぜーむーじょうしゅー》。是無等等呪《ぜーむーとうどうしゅー》。
能除一切苦《のうじょーいっさいくー》。真実不虚《しんじつふーこー》。
故説般若波羅蜜多呪《こーせつはんにゃーはーらーみーたーしゅー》。即説呪曰《そくせつしゅーわっ》。
掲諦掲諦《ぎゃーていぎゃーてい》。波羅掲諦《はーらーぎゃーてい》。波羅僧掲諦《はらそうぎゃーてい》。
菩提娑婆賀《ぼーじーそわかー》。般若心経《はんにゃしんぎょう》。

たり消滅したりせず、汚されたり清められたりもせず、増えたり減ったりすることもないのです。ですから、姿形も感覚も意識もないのです。したがって無知も老いも死も悟りも功徳も、とらわれるべきものは何もないのです。

悟りを求める者は、この智慧を得ているので、なんのとらわれもないのです。だから恐怖も生まれません。過去・現在・未来の仏たちも、この智慧によって悟りを得たのです。これこそが、すべての苦悩をとりのぞく真実の言葉（真言）です。このために、この教えを説いたのです。

さあ、真実の言葉をとなえましょう。

「掲諦掲諦《ぎゃーていぎゃーてい》（至れり、至れり）。
波羅掲諦《はーらーぎゃーてい》（やすらぎの世界に至れり）。
波羅僧掲諦《はーらーそうぎゃーてい》（みなともにやすらぎの世界に至れり）」

ここに、とらわれのない〝空《くう》〟の境地（やすらぎの世界）が完成します。

光明真言

おん　あぼきゃ　べいろしゃのう
まかぼだら　まに　はんどま
じんばら　はらはりたや　うん
（七反）

【意訳】

オーン（仰ぎたてまつります）。
あらゆる真実を照らし出す阿閦《あしゅく》如来《にょらい》、平等性を見抜き、あらゆる福徳を生ずる宝生《ほうしょう》如来《にょらい》、泥中《でいちゅう》より咲く蓮《はす》の華《はな》のような清らかさであらゆるものを救う無量寿《むりょうじゅ》如来《にょらい》（阿弥陀《あみだ》如来《にょらい》）、あらゆることを成し遂げる不空成就《ふくうじょうじゅ》如来《にょらい》、それらを統合し、あらゆるものを慈悲の光明《こうみょう》で照らす大日如来、この金剛界五智《ごち》如来《にょらい》の智慧《ちえ》の光明に包まれて、私はやすらぎの世界に入ります。
フーン（ああ、尊い仏さま）。

※七回繰り返す

ご宝号

南無《なむ》本尊界会《ほんぞんかいえ》（三反）

南無《なむ》両部界会《りょうぶかいえ》（三反）

南無《なむ》大師《だいし》遍照金剛《へんじょうこんごう》（三反）

南無《なむ》興教大師《こうぎょうだいし》（三反）

【意訳】

本尊の大日如来をはじめ、この世界に存在する諸尊に感謝いたします。胎蔵・金剛界の両部曼荼羅の諸尊に感謝いたします。

大日如来の慈悲と智慧《ちえ》を持つ、宗祖弘法大師に感謝いたします。

真言宗の教えを伝えてくれた、中興の祖興教大師に感謝いたします。

※それぞれ三回繰り返す

普回向

願《ねが》わくは此《こ》の功徳《くどく》を以《もっ》て、
普《あまね》く一切《いっさい》に及《およ》ぼし、我等《われら》と衆生《しゅじょう》と、
皆共《みなとも》に仏道《ぶつどう》を成《じょう》ぜんことを。

【意訳】

どうか、おとなえしたお経の功徳がすべてに行き渡り、私たちだけでなく迷いの世界に生けるものがみなともに仏さまの教えによって救われますように。

第4章

真言宗の行事としきたり

❶お寺の年中行事
❷お寺とのつきあい

真言宗のお寺の年中行事

真言宗のお寺の行事は、報恩・回向《えこう》・祈願の三つに大きく分けられます。

まず、仏教の開祖であるお釈迦さま、そして真言宗の宗祖である弘法大師空海に対して報恩感謝の気持ちをあらわす行事があります。

次に回向の行事として、彼岸会《ひがんえ》、盂蘭盆会《うらぼんえ》、施餓鬼会《せがきえ》などがあります。修行者や施主が三密修行（19頁参照）を積んだり、読経したりした善根《ぜんこん》はかならずよい結果を生じます。これは当然の報いであり、因果応報ということです。その善根の報いを、精霊《しょうりょう》（先に亡くなったものの霊魂）に回し向けることを「回向」といいます。

そして、真言宗の行事の最大の特徴は、三つ目の祈願にあるといえます。

祈願とは、祈る心です。人がある行為をする場合、そこには意志と目的がなければなりません。たとえば、自分自身が悟りを得たいと願い、あるときは先祖や亡き人の冥福《めいふく》を願い、またあるときは天下泰平や五穀豊穣《ほうじょう》を願い、祈願することがあるでしょう。その時と場合に応じて仏さまの加護を祈ることで、目的がよく達成されることになります。

それは、私たちが一生懸命に祈る真心が、

仏さまの「すべての人々を救いたい」という慈悲心に通じることによって、仏さまの救済力が私たちの心に加わり、それを受け止めることで念力となって祈願成就につながるからです。これを「加持」といいます。

「花まつり」として知られる仏生会（ぶっしょうえ）

四月八日、お釈迦さまはルンビニー（現ネパール）の花園で誕生直後すぐに七歩あゆみ、天と地を指さして「天上天下唯我独尊《てんじょうてんげゆいがどくそん》」といったといわれています。その意味は、全宇宙の命と恵みを一身に受けて人間として生まれてきた喜びの声だったと思われます。

また、七歩あゆんだというのは、地獄・餓《が》鬼《き》・畜生《ちくしょう》・修羅《しゅら》・人《にん》・天の六道輪廻《りんね》の世界を超えたことを意味しています。

それを見た梵天《ぼんてん》と帝釈天《たいしゃくてん》が天から甘露《かんろ》（不死の飲料）をそそいでお祝いしたといわれています。それにならって仏教各寺院では、花御《はなみ》堂《どう》にまつられた誕生仏《たんじょうぶつ》に甘茶《あまちゃ》をそそいでお祝いするので「灌仏会《かんぶつえ》」ともいいます。

お釈迦さまの悟りをたたえる
成道会（じょうどうえ）

お釈迦さまは難行苦行を六年間もつづけましたが悟りを得ることはできませんでした。その後、菩提樹《ぼだいじゅ》の下で坐禅をし、一二月八日に暁《あかつき》の明星《みょうじょう》を見て悟りを開きました。これを「成道《じょうどう》」といいます。悟りが得られなければ、仏教の教えも説かれなかったのです。

真言宗のお寺では、密教の坐禅観法である「阿字観」（86頁参照）を行ないますが、これはお釈迦さまの悟りの境地を追体験することです。

お釈迦さまの遺徳をしのぶ
常楽会（じょうらくえ）

お釈迦さまは二月一五日、インドのクシナガラの地で八〇年の生涯を閉じました。仏教各寺院では、臨終の光景を描いた「涅槃図《ねはんず》」を掲げ、最期の様子を説いた『涅槃経《ねはんきょう》』や最後の教えである『遺教経《ゆいきょうぎょう》』を読んで法要を行ないます。「涅槃会《ねはんえ》」とも呼ばれます。

涅槃とは、人間としての身も心も滅し、やすらぎの世界に入ることです。

常楽会《じょうらくえ》というのは、涅槃の四つの徳である常（永遠不変であること）、楽（やすらかであること）、我（自分が本当に自由であること）、浄（清らかであること）をあらわしています。高野山金剛峯寺《こんごうぶじ》では、前夜から一五日の午前まで夜を徹して、四部からなる幽玄な声明《しょうみょう》によって奉読されます。

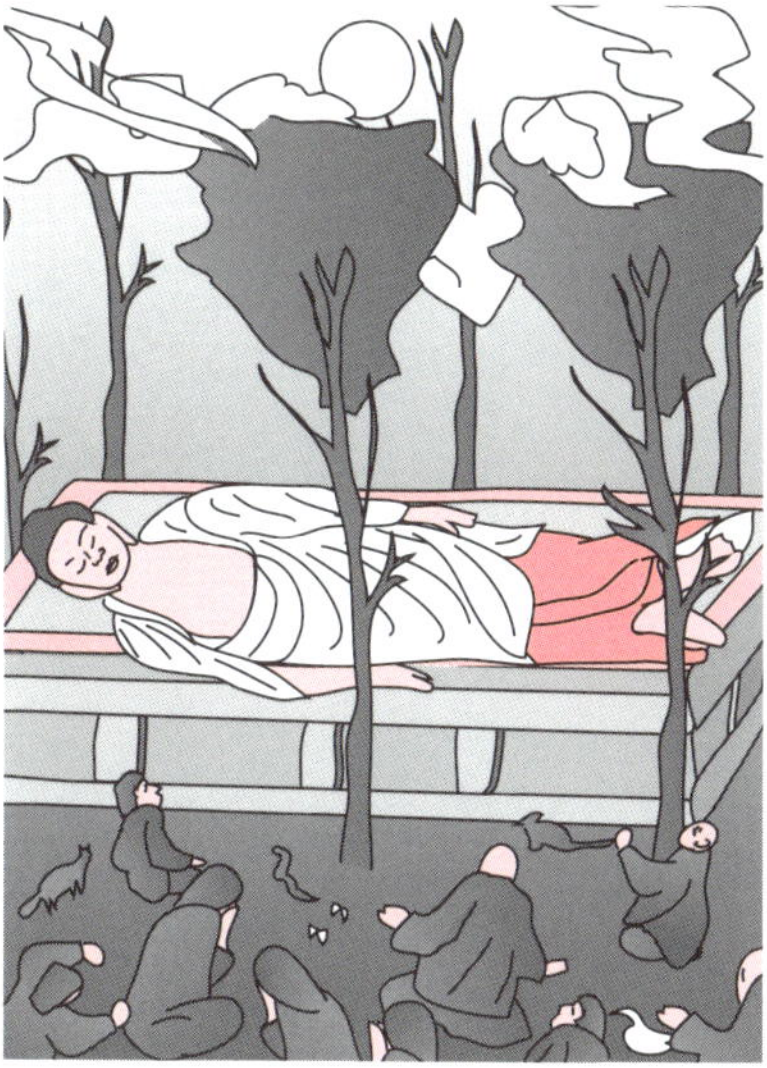

真言宗の祖師の誕生を祝う 青葉まつり

七七四年六月一五日は真言宗の宗祖弘法大師空海の誕生日です。この日は奇《く》しくも、唐《とう》で学んだ師恵果《けいか》の師である不空《ふくう》（11頁参照）が入滅（死去）した日であり、空海は不空の生まれ変わりといわれています。仏生会《ぶっしょうえ》同様に、花御堂に稚児大師をまつり、甘茶をかけてお祝いします。

同じく一七日は中興の祖である興教大師《こうぎょうだいし》覚《かく》鑁《ばん》の誕生日です。新義真言宗では、一五日に両大師の誕生を祝って法要が行なわれます。

弘法大師の守護への感謝

正御影供（しょうみえく）

空海は八三五年三月二一日に高野山にて入《にゅう》定《じょう》しました。入定とは、永遠なる禅定（涅槃）に入ったということです。

高野山の御影堂《みえいどう》には、空海の弟子であった真如法親王《しんにょほっしんのう》（平城《へいぜい》天皇の皇子《みこ》）によって描かれた御影《みえい》がまつられ、いまも生きているものとして毎日、精進供《しょうじんぐ》（生身供）がそなえられます。そして三月二一日を「正御影供《しょうみえく》」といい、衣替えの儀式が行なわれます。

なお、毎月二一日は「月並御影供《つきなみみえく》」といいます。昔から人々はこの日を「お大師さまの日」として大師参りをしてきました。

興教大師の教えに感謝する

陀羅尼会（だらにえ）

新義真言宗では、中興の祖興教大師覚鑁の命日である一二月一二日に、病の床《とこ》についた覚鑁のために弟子たちが『仏頂尊勝陀羅尼《ぶっちょうそんしょうだらに》』をとなえたという故事にちなんで、この陀羅尼をとなえます。またその前には、真言教学を復興させた覚鑁の恩に報いるため論議を行ないます。論議とは、問答によって教義を明らかにすることです。

春と秋の仏教週間
彼岸会（ひがんえ）

年二回、春分の日と秋分の日を中日とするそれぞれ七日間を「お彼岸」といいます。

彼岸は、古代インドのサンスクリット語の「パーラミター」（漢語に音写すると「波羅蜜《はらみ》多《た》」）を漢語に訳した「到彼岸《とうひがん》」の略で、「迷いの世界（此岸《しがん》）から悟りの世界（彼岸）へ到る」という意味です。

悟りへの道は、布施《ふせ》・持戒《じかい》・忍辱《にんにく》・精進《しょうじん》・禅定《ぜんじょう》・智慧《ちえ》の六波羅蜜《ろくはらみつ》を実践することです。

布施とは人に施すこと（86頁参照）、持戒は戒律を守って生きること、忍辱は耐え忍ぶこと、精進は努力すること、禅定は心を落ち着けること、そして智慧とは、以上の実践によって物事の道理を知ることです。

お彼岸は、こうした教えを実践する仏教週間なのです。

先祖の冥福を祈る行事
盂蘭盆会（うらぼんえ）

七月または八月の「お盆」のこと。お釈迦さまの弟子の目連《もくれん》が餓鬼道《がきどう》に堕《お》ちた母親を救うため、仏弟子たちに飲食《おんじき》を供養したという『盂蘭盆経《うらぼんきょう》』に由来しています。

お盆には、精霊棚《しょうりょうだな》（盆棚）をつくって先祖の位牌《いはい》をまつり、供物《くもつ》で飾って霊供膳《りょうぐぜん》をそなえます。先祖の霊を乗せるためにナスやキュウリで牛や馬をつくり、道に迷わないように迎え火や送り火をたく風習があります。精霊流しを行なう地域もあります。

また、「棚経」といって菩提寺《ぼだいじ》の僧侶が檀家《だんか》をまわって読経します。その際には、家族も一緒におつとめするようにしましょう。

慈悲の心を養う行事
施餓鬼会（せがきえ）

お盆の行事の一環として、または随時、無縁の精霊を供養する施餓鬼会《せがきえ》が行なわれます。これは、お釈迦さまの弟子の阿難《あなん》が餓鬼道に堕ちるところを救われたという『救抜焔口餓《くばつえんくが》鬼陀羅尼経《きだらにきょう》』に由来しています。

五智如来の五色幡《ごしきばた》を立てた施餓鬼棚に「三《さん》界万霊《がいばんれい》」の位牌をまつり、飲食をそなえて『無量威徳自在光明加持飲食陀羅尼《むりょういとくじざいこうみょうかじおんじきだらに》』をとなえればすべての餓鬼が救われ、施主は寿命が延び、仏道を成就できるといわれています。

一年の幸せを祈願する行事
修正会（しゅしょうえ）

仏教各寺院では、大晦日《おおみそか》の夜に除夜の鐘をつき、年頭に思いを新たにして、正しきを修めるという意味で法要が行なわれます。とくに真言宗では「如意宝珠法《にょいほうじゅほう》」と呼ばれる秘法を修し、護摩がたかれます。除夜の鐘も護摩も煩悩《ぼんのう》を除く意味があります。

また、高野山では米がとれなかったため、しめ縄の代わりに、干支《えと》や宝珠、「寿」の文字などを切り抜いた和紙を「宝来《ほうらい》」と呼び、仏間や床間《とこのま》に一年間飾る風習があります。

真言宗最高の秘儀
後七日御修法（ごしちにちみしゅほ）

毎年一月八日～一四日、京都の東寺《とうじ》（教王護国寺《きょうおうごこくじ》）灌頂院《かんじょういん》にて真言宗各派総大本山会（真言宗十八本山、21頁参照）に所属する高僧たちにより行なわれる真言宗最大の法要です。空海が玉体安穏・国家護持・五穀豊穣を祈願するよう勅命を受けて八三五年正月に宮中真言院にて行なって以来、宮中の伝統行事としてつづいてきましたが、明治時代の排仏《はいぶつ》毀釈《きしゃく》により一八七一年に廃止。一二年後に東寺灌頂院に場所を移して復活されました。

宮内庁より勅使が捧持した天皇の御衣《ぎょい》を灌頂院道場内に安置して行なわれ、御修法で使用する念珠《ねんじゅ》・五鈷杵《ごこしょ》・袈裟《けさ》などは、空海が唐より持ち帰った法具です。

星に厄払いを願う 節分星祭（せつぶんほしまつり）

豆をまいて疫鬼《えきき》を追い払う追儺《ついな》の行事で知られる節分《せつぶん》は季節の分かれ目であり、とくに立春の前日は一年の境と考えられてきました。真言宗では、人の運命に影響を与えるという星座の配置も変わることから星供曼荼羅《ほしくまんだら》をまつり、息災・増益《ぞうやく》・延命を祈願します。

目的に合わせて行なわれる 真言宗の各種法会

●曼荼羅供法会《まんだらくほうえ》 「曼供《まんく》」ともいいます。空海は八〇六年に胎蔵《たいぞう》・金剛界《こんごうかい》の両部曼荼羅（16頁参照）を唐より持ち帰り、真言宗を開きました。そして八二一年、曼荼羅の傷みが激しいので修理して供養を行なったのが曼供のはじまりです。曼荼羅の諸尊を礼拝《らいはい》するもので、庭儀・堂上・平座の三種があります。

真言宗の各お寺でまつられている仏さまは曼荼羅のなかから縁あって選ばれたものですから真言宗の法要はすべて曼供であるといえ

ますが、なかでも毎年四月一〇日に高野山の金堂《こんどう》前で行なわれる庭儀大曼荼羅供は両部曼荼羅の諸尊を同時に礼拝する真言宗最高最大の曼供です。いままでの罪科が消え、長寿、福徳に恵まれるといわれています。

●護摩供法会《ごまくほうえ》　空海の祈祷は主として壇上で火をたいて行なう護摩の秘法によったということが種々の文献で明らかです。「火」は宇宙の根本要素である六大のひとつです。護摩供とは、智慧《ちえ》の火をもって病気や迷いの心など身心に巣くう不浄なものをすべて焼き払い、人々を幸せに導くための供養行《ぎょう》です。

●大般若法会《だいはんにゃほうえ》　『大般若経《だいはんにゃきょう》』六〇〇巻を転読し、社会の平安と人々の幸せを祈願します。転読というのは経本をパラパラとめくって智慧の風をおこすことで、煩悩のほこりを払う意味があります。

『大般若経』は、唐の玄奘《げんじょう》が天竺《てんじく》（インド）から持ち帰って漢訳したもので、仏教徒の永遠の祈りが込められています。

なお、『般《はん》若心経《にゃしんぎょう》』は『大般若経』の精神を短くまとめたものです。

●理趣三昧法会《りしゅざんまいほうえ》　不空が漢訳した『般若理趣《はんにゃりしゅ》経《きょう》』を読んで成仏を祈ります。このお経は安楽と真の歓喜《かんぎ》を得られるという真言宗でもっともありがたいものです。お寺での日常勤行や檀信徒の法事などはすべて、理趣三昧法会を基本としています。

●土砂加持法会《どしゃかじほうえ》　火と同様に六大のひとつが「地」です。土砂はすべての土台であり、いっさいの生命が生まれ育ち、還《かえ》るところです。『光明真言《こうみょうしんごん》』（66頁参照）を一〇八遍となえ、深山幽谷の清浄な土砂を加持することによって土砂の持つ力が増し、故人の遺骨やお墓にかければ、地獄に堕ちている亡者も極楽に往生できるといわれます。とくに四国・中国地方で盛んで、篤信《とくしん》の檀信徒の法事は土砂加持法会を基本に盛大に営まれます。

●五日三時法会《ごにちさんじほうえ》　自分が受けた恩に報いるため、初夜《しょや》（夕方）・後夜《ごや》（早朝）・日中《にっちゅう》（正午）の毎日三回、仏さまを礼拝します。一日二夜のおつとめを五日間つづけるので「お十夜《じゅうや》」とも呼ばれ、秋の収穫に感謝する意味も加わって、とくに関西地方で盛んに行なわれています。唐で空海の師恵果が自分の師である不空を弔うために行なった五日三時法会にならって、八二二年に空海が恵果の命日である一二月一五日までの五日間、京都の高雄山《たかおさん》寺《じ》（のちの神護寺《じんごじ》）にて行なったのがはじまりといわれています。

菩提寺を新たに探すときの心得

死者の冥福を祈ることを「菩提を弔う」といいますが、菩提寺というのは、それだけでなく、自分を完成させていくための道場でもあります。菩提寺を持つということは、仏・法・僧を心のよりどころとして、生きがいのある生活をすることです。

引っ越しなどにより、近くに菩提寺を持ちたい場合、郷里に菩提寺があれば、紹介してもらうのがいちばんです。急に死者が出たからといって菩提寺に無断で葬儀をしてもらったりすると、同じ宗派であっても二重に布施を納めることになったりトラブルのもとです。菩提寺を変えるときは、話し合いのうえで、きちんと過去帳の移動をします。

菩提寺の檀信徒になる発心式（ほっしんしき）

発心《ほっしん》とは「発《ほっ》菩《ぼ》提《だい》心《しん》」であり、かけがえのない一生を悔いなく、幸せに生きるために、大日如来への揺るぎない信仰心を確立する決意をいいます。つまり、発心式とは菩提寺の檀信徒となる儀式であり、「入檀式」とも呼ばれます。

菩提寺の本尊の前でお経の読み方や作法を習い、行事に参加することによって、信仰生活がはじまります。

仏教徒として戒を授かる

菩薩戒会（ぼさつかいえ）

高野山では、大師教会本部授戒堂にて毎日七回、授戒が行なわれており、三〇分ほどの所要時間で略式の授戒が受けられます。ほかのお寺でも授戒会《じゅかいえ》が行なわれていますので、機会があったら、ぜひ参加したいものです。

真言宗では、正式な授戒会を「菩薩戒会《ぼさつかいえ》」と呼んでいます。まず法要を行ない、香水《こうずい》を壇上にそそいで清める洒水加持《しゃすいかじ》ののち、阿闍梨《あじゃり》が経文《きょうもん》や真言を一節ずつとなえ、受者が繰り返し、仏道に精進することを誓います。

授かる経文や真言は、日常のおつとめで拝読されるお経です。真言宗各派で文言《もんごん》が多少ちがいますが、高野山真言宗の例でいえば、『懺悔《さんげ》』『三帰《さんき》』『三竟《さんきょう》』をとなえたのちに、いよいよ仏教徒としての日々の信条ともいうべき『十善戒《じゅうぜんかい》』を授かります。次に『発菩提心《ほつぼだいしん》』『三摩耶戒《さんまやかい》』『光明真言《こうみょうしんごん》』『御宝号《ごほうごう》』をとなえ、説戒法話をいただき、最後に法名《ほうみょう》（戒名《かいみょう》）を授かります。

戒とは「よい習慣を身につける」という意味です。説戒法話では、こうした説明を受けます。

●十善戒

身業《しんごう》をつつしむ	口業《くごう》をつつしむ	意業《いごう》をつつしむ
■不殺生《ふせっしょう》（生き物を殺さない）	■不妄語《ふもうご》（うそをつかない）	■不慳貪《ふけんどん》（物惜しみをしない）
■不偸盗《ふちゅうとう》（盗みをしない）	■不綺語《ふきご》（へつらいをいわない）	■不瞋恚《ふしんい》（怒りやうらみを持たない）
■不邪婬《ふじゃいん》（ふしだらな行為をしない）	■不悪口《ふあっく》（悪口をいわない）	■不邪見《ふじゃけん》（まちがった見方をしない）
	■不両舌《ふりょうぜつ》（筋の通らないことをいわない）	

仏さまと縁を結ぶ 結縁灌頂（けちえんかんじょう）

結縁灌頂《けちえんかんじょう》は、胎蔵曼荼羅・金剛界曼荼羅の仏さまと縁を結ぶ儀式です。

高野山の金堂では、毎年五月三日〜五日に胎蔵結縁灌頂が、一〇月一日〜三日に金剛界結縁灌頂が行なわれています。また、智山派の総本山智積院《ちしゃくいん》でも毎年一回行なわれていますし、その他のお寺で行なわれる場合もあります。

結縁灌頂は次のような流れで行なわれます。

最初に阿闍梨より密教の戒（三昧耶戒）を

授かります。その後、受者は『三昧耶戒真言』と印《いん》の結び方を面授され、白布で両目を覆われます。印を結んだ指先には華を授けられ、

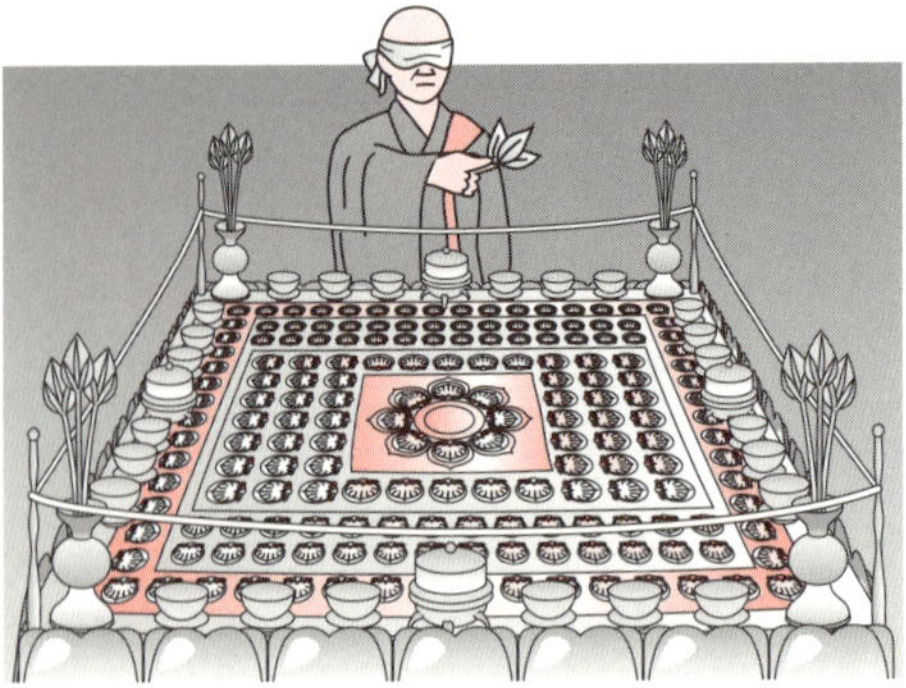

大壇の上に敷かれた曼荼羅へと導かれます。そして華を投げ、その華が落ちたところが自分の守り本尊というわけです。これを「投華得仏《とうげとくぶつ》」といい、結縁のしるしとして守り本尊の真言と印の結び方を授かります。

次に、大日如来の智慧の法水を阿闍梨よりそそいでいただきます。これを「灌頂」といいます。これによって大日如来と一体となり、本来私たちの心の中にそなわっている仏眼《ぶつげん》を次第に開眼《かいげん》していくことができるといわれています。また、大日如来の教えを正統に受け継いだ証《あかし》として血脈《けちみゃく》（100頁参照）が授けられます。このなかには、自分の法名が記されています。

結縁灌頂は、宗派を問わず、誰でも受けられます。また、何回受けてもよく、仏さまとの出会いが多いほど、本来の自分に出会うことができるとされています。

空海が八一二年、はじめて京都の高雄山寺（のちの神護寺）で百数十名に両部の結縁灌頂を授けたことを記録した『灌頂歴名《かんじょうれきみょう》』の筆頭には、天台宗の開祖最澄《さいちょう》の名が記されています。

真言密教の伝統を受け継ぐ 伝法灌頂

もうひとつ、得度《とくど》して四度加行《しどけぎょう》（十八道法・金剛界法・胎蔵法・護摩法）を成満《じょうまん》したものだけが授かることができる伝法灌頂《でんぽうかんじょう》があります。得度とは、剃髪《ていはつ》授戒して僧になることです。そして厳しい修行を経て、大日如来の分身とされる伝法大阿闍梨から灌頂を授かることで、はじめて阿闍梨の資格がいただけます。

真言密教は伝法灌頂の授受を伝統として受け継がれてきました。唐に渡った空海は、胎蔵・金剛界の両部密教を受け継ぐ七祖恵果のもとで学んでわずか数カ月でしたが、八〇五年六月に学法胎蔵灌頂を三回、七月に金剛界灌頂を授かり、いずれも大日如来の上に華が落ちたといわれています。そして八月、一〇〇〇人もいる恵果の弟子のなかから一人選ばれて伝法灌頂を授かり、密教の八祖としてすべてを伝法されたのです。そのとき、恵果から大日如来を意味する「遍照金剛《へんじょうこんごう》」という灌頂名（法名）を与えられました。こうして密教の正統は日本に伝わったのです。

お寺の団体参拝や講座に参加しよう

真言宗のお寺では、高野山の弘法大師霊廟や、四国八十八カ所霊場、西国《さいごく》・坂東《ばんどう》・秩父《ちちぶ》の観音霊場などをめぐる団体参拝も盛んです。

また、写経、写仏、阿字観（72頁参照）、詠《えい》歌《か》などの講座が行なわれています。詠歌とは仏さまや祖師の徳をたたえる仏讃歌で、平安時代に花山法皇《かざんほうおう》が西国巡礼の際にそれぞれの霊場に和歌を一首ずつ奉納し、節をつけて歌ったことにはじまります。こうした機会をきっかけに仏教に親しむのもよいものです。

布施は僧侶への報酬ではない

お寺の行事に参加するときは布施を持参します。布施には、教えを説く「法施《ほっせ》」、金品を施す「財施《ざいせ》」、畏怖を取り去る「無畏施《むいせ》」があります。つまり、僧侶も檀信徒もお互いに自分ができることをさせていただくということです。ですから、金封の表書きは「御経料」「回向料《えこうりょう》」「御礼」ではなく、「御布施」「志」などとします。

笑顔も無畏施

第5章

真言宗のお葬式

真言宗の葬儀は即身成仏への引導

愛する家族を亡くすのはとてもつらいことです。お釈迦さまは、これを「愛別離苦《あいべつりく》」といって、人生において避けては通れない苦しみのひとつであると教えています。

遺《のこ》された人は、亡き人に対して、こうしてあげればよかった、もっと何かできたのではないかと後悔することもあるでしょう。

しかし、人間は悲しみに涙したとき、はじめて真実が見えてくるものです。

もしも自分が愛する人々と別れて他界しなければならないとしたら、いちばんに何を望むかを考えてみてください。おそらく、愛する人々の心の中にいつまでも生きつづけたいと思うのではないでしょうか。

お葬式とは、故人のこのような願いを実現し、見送る私たちの心の中に故人が生まれ変わる儀式といえます。これが真言宗でいう「即身成仏《そくしんじょうぶつ》」です。

真言宗の葬儀は、即身成仏への引導《いんどう》儀式（101頁参照）が中心となります。故人が生前に法名《ほうみょう》（戒名《かいみょう》）をいただいていない場合は、住職が橋渡し役（導師）となって戒を授け、法名を与えます。そして、仏さまと一体であることを悟らせ、成仏のための秘印明《ひいんみょう》（印《いん》の結び方と真言《しんごん》）を与えます。これを「引導を渡す」といいます。

空海は、三七歳の若さで亡くなった愛弟子《まなでし》智泉《ちせん》の葬儀において導師をつとめ、「諸行無常《しょぎょうむじょう》の道理を知りながら不覚の涙を止められない」と悲しみながら、「しかし、汝《なんじ》はすでに真言密教の教えをよく知り、本来仏であることを自覚していた」とたたえ、速やかに曼荼羅《まんだら》の浄土へ還《かえ》っていくように祈念しました。

真言宗で葬儀を行なうということは、故人の冥福《めいふく》を祈るとともに、いま自分は両親をはじめ先祖代々無数の縁によって命を与えられ、生かされているということを自覚し、これからの人生をよりよく生きていくための出発点でもあるわけです。

告別式は宗教儀礼ではない

一般に、故人との最後のお別れの儀式を「葬儀告別式」と呼んでいますが、葬儀と告別式は意味がちがうものです。

葬儀は近親者による宗教儀礼です。いっぽう告別式は、友人や知人、会社関係など社会的な必要で行なわれるものです。

最近では、葬儀は近親者だけで行ない、後日一般の方を招いて宗教色抜きの「お別れの会」を開くというやり方も増えています。

まず、お寺に連絡 そのあとで葬儀社へ

現在は病院で亡くなることがほとんどです。医師から臨終を宣告されたら、近親者と、故人とくに親しかった人に連絡します。

臨終の際に「末期《まつご》の水」といって、口に水をふくませる風習がありますが、現在は死亡直後に病院で用意してくれますので近親の順番に行ないます。その後、看護師が遺体の処置（清拭《せいしき》）を行ない、霊安室に安置します。

家族は、菩提寺《ぼだいじ》の住職にすぐに連絡し、枕経、通夜・葬儀のお願いをします。葬儀社にはそのあとで連絡します。

この順番をまちがうと、トラブルになることがあります。菩提寺が遠い場合でも住職が来てくださる場合もありますし、もしくは近くのお寺を探してくださいます。

お寺とのつきあいがないときは、年長の親族に宗派を確かめて、本山から近くのお寺を紹介していただきます。

また、葬儀社が決まっていない場合には、病院が出入りの葬儀社を紹介してくれますので、遺体をいったん自宅に運んでもらい、その後、葬儀社を変更することもできます。

通夜・葬儀の日程が決まったら、知らせるべきところに連絡します。

遺体の安置と枕飾り

遺体は仏間か座敷に安置します。

このとき、できれば頭を北にします。これは「北枕《きたまくら》」といって、お釈迦さまが入滅の際、頭を北にし、顔を西に向けて横たわったという故事にちなんでいます。

遺体の左手に念珠《ねんじゅ》をかけて両手を胸の上で組み合わせ（臨終の秘印）、薄手の掛け布団をかけます。そして顔を白い布でおおいます。

神棚があれば、死のけがれを忌《い》む意味で、四十九日《しじゅうくにち》の満中陰《まんちゅういん》（112頁参照）まで白紙を貼ります。同様に、仏壇の扉も閉じておく地域もありますが、仏壇は本尊をおまつりしているので開けておくのが本来です。その場合、華瓶《けびょう》（46頁参照）も樒《しきみ》などの青木に替えます。

故人の枕元に枕飾りを調えて、住職に枕経をしていただきます。

枕経には、安楽と真の歓喜《かんぎ》を得られるという真言宗でもっともありがたい『般若理趣経《はんにゃりしゅきょう》』が読まれます。遺族は地味な服装で住職の後ろにすわり、おつとめします。しかし最近は、通夜と一緒に行なうことが多いようです。

生前に菩薩戒会《ぼさつかいえ》や結縁灌頂《けちえんかんじょう》（82・83頁参照）を受けておらず、法名《ほうみょう》をいただいていない場合は、枕経のあとで住職にお願いします。

●枕飾り

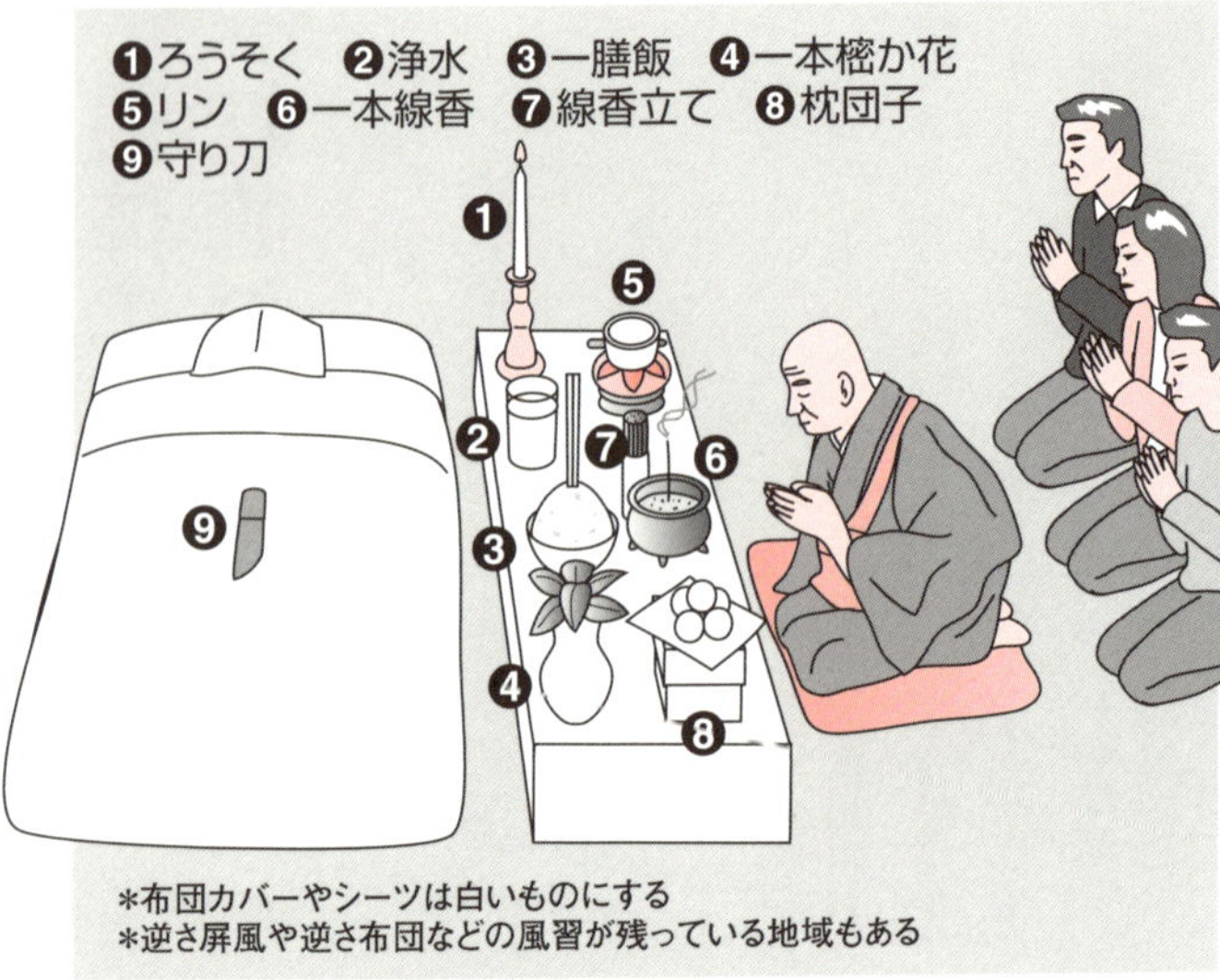

湯灌を行ない死装束をつける

枕経のあと、湯灌《ゆかん》を行ない、棺《ひつぎ》に納めます。湯灌とは、遺体を湯で拭《ふ》いて清めることです。男性なら髭《ひげ》をそり、女性なら薄化粧をします。そして、「死装束《しにしょうぞく》」をつけます。

死装束は本来、巡礼の装束で、故人が生前巡礼したときの笈摺《おいずる》があれば着せるか、上からかけてあげます。六文銭《ろくもんせん》が入った頭陀袋《ずだぶくろ》を持たせるのは、三途《さんず》の川の渡し賃であるといわれています。また、真言宗では納棺の際に土砂加持《どしゃかじ》（80頁参照）を行なうことがあります。

このときはまだ釘《くぎ》を打たずに蓋《ふた》をして、棺の上に棺掛《かんがけ》（正式には七条袈裟《しちじょうげさ》）をかけて祭壇に安置します。

●死装束

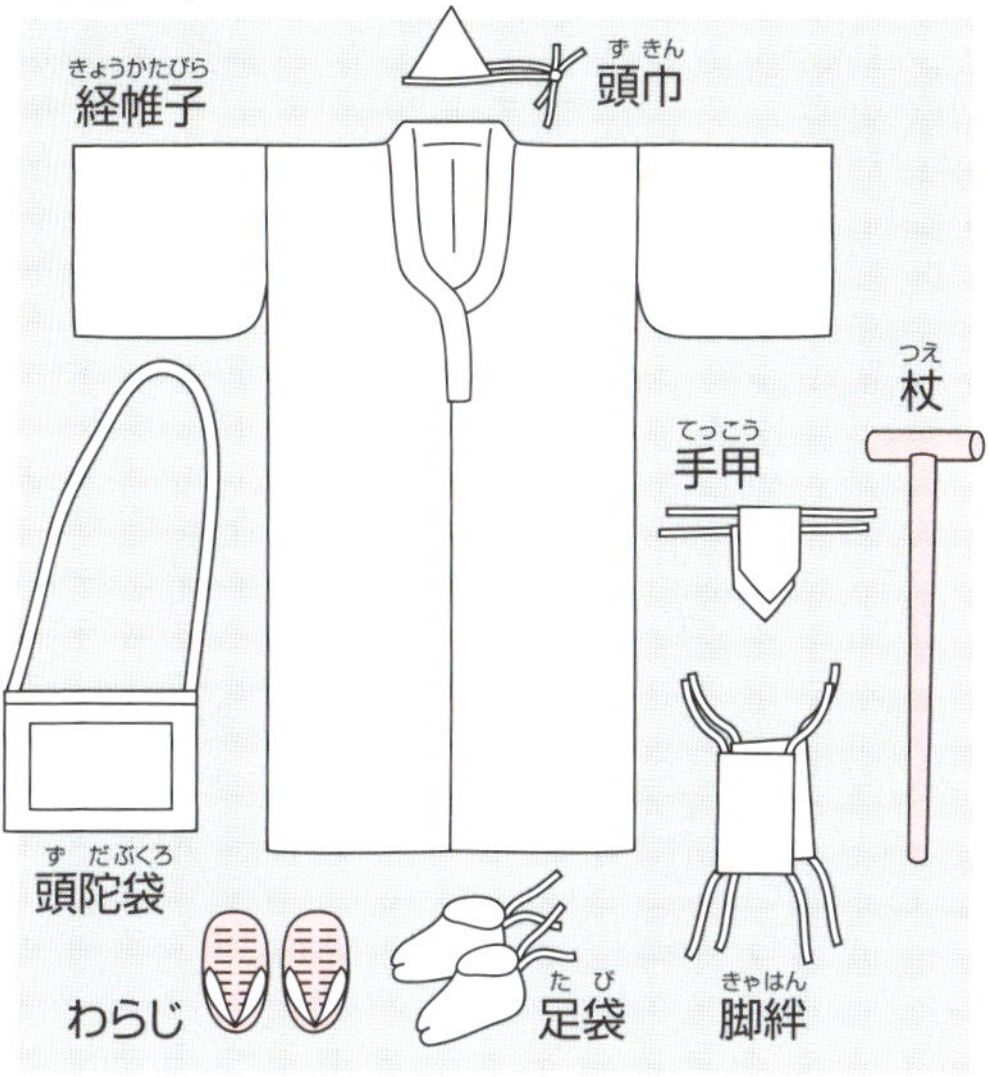

祭壇の準備と白木の位牌

最近では、通夜・葬儀を葬儀場で行なうケースが増えています。葬儀社に頼めば、祭壇などすべて用意してくれますが、真言宗の作法とちがう場合もあるので住職に見てもらい、ちがっているところは正します。

真言宗では、白木《しらき》の位牌《いはい》を二つ用意します。野辺送り用の「野位牌」と、四十九日の満中陰まで祭壇にまつっておく「内《うち》位牌」です。

生前に法名や血脈《けちみゃく》をいただいていれば、それを祭壇にまつります。いただいていない場合は、葬儀までに住職が血脈と白木の位牌に法名を書いてきてくださいます。そして引導儀式のときに位牌の開眼《かいげん》が行なわれます。

法名は仏弟子の証

白木の位牌は、薄絹か仏名《ぶつみょう》を書いた紙でおおっておき、導師が葬儀で引導儀式を行なう際に取り除かれます。

野位牌に書かれる「新円寂《しんえんじゃく》」とは、故人の霊が新たにやすらぎの世界に入ることを意味しています。

また、内位牌の法名の上には梵字《ぼんじ》が書かれます。《ア》は、大日如来をあらわす種子《しゅじ》（文字仏）で、すべてのはじまりである曼荼羅の浄土に還ることをあらわしています。故人が一五歳未満のときは地蔵菩薩《じぞうぼさつ》の守護をあらわす、《カ》が書かれます。そして「不生《ふしょう》」は、永久に悟りの世界に入って迷いの世界に生を受けないという意味です。

真言宗の法名は、道号・戒名・位号で構成されています。道号は故人の徳をあらわし、戒名は仏弟子としての名前です。

一般の檀信徒の位号は「信士《しんじ》」「信女《しんにょ》」です。「童子《どうじ》」「童女《どうにょ》」は一五歳未満をあらわします。そして「孩児《がいじ》」「孩女《がいにょ》」は幼児に、「嬰《えい》児《じ》」「嬰女《えいにょ》」は乳児に、「水子《すいし》」は死産の胎児につけられる位号です。なお、一五歳未満には道号はつきません。

また、社会やお寺のために尽くした篤信《とくしん》の檀信徒には「居士《こじ》」「大姉《だいし》」の位号と、院号が冠されます。

●真言宗の野位牌と内位牌

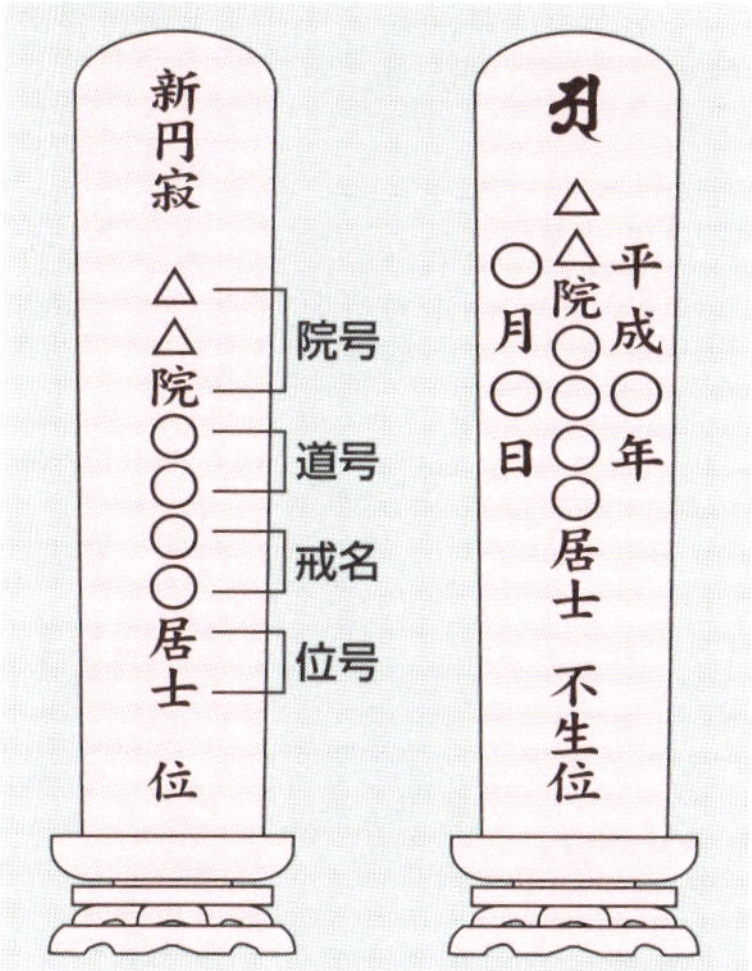

野位牌　内位牌

いまは半通夜が主流

「遺族や親族、故人と縁のあった人たちが集まって葬儀まで静かに遺体に付き添う」というのが、通夜の本来の意味です。

灯明《とうみょう》や線香を絶やさないように寝ずの番をする「夜とぎ」の風習が残っている地域もありますが、最近では夜六時ごろから二、三時間で終わる「半通夜」が主流になっています。

それは、葬儀に参列できない人が通夜に参列するようになったことと、遺族も翌日の葬儀にそなえて休むようになったためです。

読経中は静かに仏法に耳を傾ける

通夜は『般若理趣経』の読経にはじまり、導師の焼香につづいて、喪主、遺族、親族、弔問客の焼香となります。そのあいだ、導師の読経がつづいていますが、しばしば、焼香を終えた遺族の方たちが入口の近くに行って、弔問客一人ひとりに頭を下げている姿が見受けられます。

通夜は弔問客とあいさつを交わす場ではありません。これは葬儀においてもいえることです。弔問客が多い場合、焼香が済んだ方から退席するよう指示されることもありますが、ふつうは読経や焼香がつづいているあいだに参列者が退席するのは大変失礼なことです。

故人の死を通して、ふだん死に直面することのない私たちに説教をされることも多いので、参列者は焼香を終えたら静かに席にもどり、仏法に耳を傾けてもらいたいものです。

真言宗の焼香は三回がいい

焼香の回数は宗派によってさまざまですが、真言宗では三回がいいといわれています。それは、仏《ぶつ》・法《ぽう》・僧《そう》の三宝《さんぽう》に供養することや、

●通夜の進行例

①弔問客の受付	式の30分前から受付をはじめる
②導師（僧侶）をお迎えに行く	祭壇の荘厳を確認していただき、控室に案内する。帰りもお送りする
③参列者一同着席	喪主や遺族、親族は、弔問客よりも先に着席しておく
④導師（僧侶）入場	一同、黙礼で導師を迎える
⑤読経・焼香	『般若理趣経』『光明真言』『ご宝号』などがとなえられる。導師の焼香後、喪主、遺族、親族、弔問客の順に焼香を行なう
⑥通夜説教	省略されることもある
⑦導師（僧侶）退場	一同、黙礼で導師を見送る
⑧喪主のあいさつ	喪主に代わって、親族の代表があいさつすることもある
⑨通夜ぶるまい	導師が辞退されたときは、折詰をお寺に持参するか、「御膳料」を包む。弔問客は長居をせずに係から会葬御礼を受け取って帰る

●焼香の作法

①念珠を左手に持って進み、遺族は弔問席に（弔問客は遺族席に）一礼したのち、本尊に合掌礼拝する

▼

②香を右手でつまんで左手をそえ、額にささげてから香炉に入れる（3回行なう場合は同様に）

▼

③本尊に合掌礼拝したのち、遺族は弔問席に（弔問客は遺族席に）一礼し、自分の席にもどる

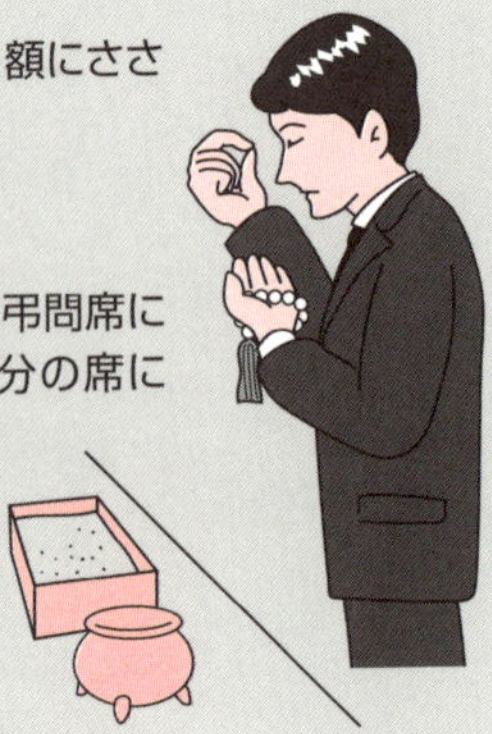

＊式場がせまいときは「回し焼香」といって、香炉を順に送って自分の席で焼香する

身《しん》・口《く》・意《い》の三密修行に精進《しょうじん》することをあらわすとか、一回目を「戒香《かいこう》」、二回目を「定《じょう》香《こう》」、三回目を「解脱香《げだつこう》」と呼んで、自分自身が戒を守り、心の静寂《じょうじゃく》が得られるという功徳があるともいわれています。

しかし、弔問客の人数や時間の関係で一回で済ませたほうがよい場合もあります。焼香は回数の問題ではなく、真心を込めて行なうことが大切です。

真言宗の葬儀は引導儀式が中心

真言宗の葬儀は前述のとおり、導師（住職）

が故人に戒を授けて仏弟子とし、成仏のための秘印明を与える引導儀式が中心となります（88頁参照）。また、さまざまな持ち物を持って葬列を組む野辺送りも特徴的といえます。

しかし、作法が複雑なうえ、真言宗各派の流儀や地域によってもさまざまなちがいがあります。また、その時々の都合によって順序も一様ではありません。

たとえば、先に火葬してしまって、骨拾《こつひろ》いをしてから葬儀告別式を行ない、野辺送りをして納骨するところ、あるいは、墓地まで野辺送りをする代わりに葬儀場へ行く途中に行列し、葬儀告別式を行ない、出棺・火葬し、後日納骨するところもあります。

真言宗の葬儀では祭壇に、両部曼荼羅か十三仏、または「南無大師遍照金剛《なむだいしへんじょうこんごう》」と書かれた掛軸を本尊として掲げます。そして上段に内位牌をまつり、遺影《いえい》を飾って、棺の正面に野位牌と血脈を置いて、五具足《ごぐそく》（46頁参照）、洒水器《しゃすいき》・塗香器《ずこうき》などの密教法具、献花《けんか》や供菓《くか》などで荘厳《しょうごん》します。

導師は着座したら法衣《ほうえ》の中で印を結び、口に真言をとなえ、本尊に意識を集中して、身構えを整えます。開式の辞のあと、祭壇の前に香水《こうずい》をそそいで洒水・加持を行ない、葬儀場を清め、引導儀式がはじまります。

さまざまなお経が読まれますが、かならず読まれるのが『般若理趣経』です。そして、

⑩大師御引導の大事偈文《げもん》
⑪開眼《かいげん》の印・真言（位牌を開眼する）
⑫血脈《けちみゃく》授与（大日如来から弘法大師に至る系譜のあとに導師名と故人の法名を加えた血脈を授ける）
⑬六大の印・真言
⑭諷誦文《ふじゅもん》（脇僧が偈文をとなえたのち、導師が故人の功績と徳をたたえて成仏を願う）

＊④から⑥までのあいだ、脇僧が『般若理趣経』を読む

▼

7 弔辞拝読・弔電代読 — 読み終えた弔辞・弔電は祭壇にそなえる

▼

8 読経・焼香 — 導師につづいて、喪主、遺族、親族、一般会葬者の順に焼香を行なう

▼

9 読経・祈願 — 『阿弥陀陀羅尼』『光明真言』『ご宝号』『舎利礼文』『回向』をとなえる

▼

10 導師最極秘印 — 指を3回はじいて、故人の霊を曼荼羅の浄土に送る印を結ぶ

▼

11 導師（僧侶）退場 — 椅子席の場合は起立して、座敷の場合は正座で軽く頭を下げて僧侶を送る

▼

12 閉式の辞

▼

13 喪主のあいさつ — 喪主に代わって、親族の代表があいさつすることもある。会葬者は係から会葬御礼を受け取って帰る

●真言宗の葬儀告別式の一例

1 会葬者の受付	式の30分前から受付をはじめる
2 導師（僧侶）をお迎えに行く	通夜同様、控室に案内する。帰りもお送りする
3 参列者一同着席	喪主、遺族、親族は、一般の会葬者よりも先に着席しておく
4 導師（僧侶）入場	椅子席の場合は起立して、座敷の場合は正座で軽く頭を下げて僧侶を迎える
5 開式の辞	葬儀社の担当者が司会をつとめることが多い
6 引導儀式	

①洒水《しゃすい》・加持供物《かじくもつ》
②三礼《さんらい》（『三礼の文』をとなえる）
③剃髪《ていはつ》・授戒《じゅかい》（『剃髪の偈』『懺悔文』『三帰』『三竟』『十善戒』『発菩提心真言』『三昧耶戒真言』をとなえる）
④授法名《じゅほうみょう》・表白《ひょうびゃく》（導師が法名を授け、大日如来はじめ諸仏および参会者に告げ知らせる）
⑤神文《しんもん》・教化《きょうけ》（大日如来、阿弥陀如来、弥勒菩薩、観音菩薩、閻魔大王などの名をとなえて成仏を願う）
⑥引導の印・真言
⑦破地獄の印・真言（故人の心の内の地獄を破砕する）
⑧五鈷杵授与偈文《ごこしょじゅよげもん》（結縁灌頂の代わりに、仏の五智をあらわす五鈷杵を授ける）
⑨胎蔵・金剛界本尊の印・真言

阿弥陀仏《あみだぶつ》の来迎《らいごう》を願う『阿弥陀陀羅尼《あみだだらに》』と、大日如来《だいにちにょらい》の『光明真言《こうみょうしんごん》』がとなえられます。

最後の対面をし、出棺する

出棺の前には、近親者と、故人ととくに親しかった人たちが故人と最後の対面をします。棺を祭壇から下ろして蓋を開け、故人が生前愛用していた品を入れ、各自が生花（花の部分だけ）で遺体の周囲を飾り、合掌してお別れをします。最後に血脈を遺体の枕元か胸の上に置いたのち、喪主から血縁の順に棺の蓋に釘を打ちます。そして、近親者らの手によって棺を霊柩車《れいきゅうしゃ》に運びます。

このとき、棺をまわしたり、玄関を使わずに縁側から出したり、火葬場を往復する際に往路と復路を変えるといったならわしがある地域があります。これは、故人の霊がもどってこられないようにするためです。

葬儀告別式のあとに出棺する場合には、見送る一般会葬者の前で、喪主または親族の代表者が会葬御礼のあいさつをします。

香典は「御香資」か「御霊前」とする

香典とは本来、「香をそなえる」ことですが、次第に香を買う代金として、お金を包むようになりました。ですから表書きは「御香《ごこう》資《し》」とします。また、市販の不祝儀袋を用いる場合は「御霊前《ごれいぜん》」とします。通夜と葬儀告別式の両方に参列する場合、香典は通夜に持参するとよいでしょう。参列しないときは遅くとも四十九日の満中陰までに届けます。

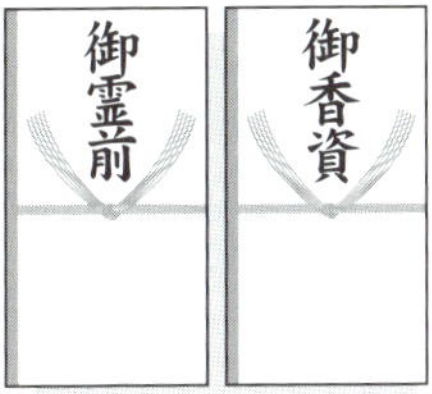

荼毘に付し、骨拾いをする

火葬場へ向かうときは、住職を先導に、喪主が野位牌を持ち、他の遺族が骨箱《こつばこ》と遺影を持って、棺、親族がつづきます。

棺はかまどの前に安置されます。小さな台の上には燭台《しょくだい》と香炉が用意されているので、野位牌と骨箱、遺影を置きます。

故人と、本当の意味での最後の対面をして、棺をかまどへ納めます。このとき、住職にお経をあげていただき、全員で焼香します。

火葬の時間は施設によってちがいますが、

だいたい一時間前後です。そのあいだ、控室で茶菓や飲み物をとりながら待ちます。

遺骨を拾って骨壷《こつつぼ》に収めることを「拾骨《しゅうこつ》」あるいは「骨拾《こつひろ》い」といいます。骨拾いの連絡を受けたら、かまどの前に行きます。

火葬場の係員の指示にしたがって全員で順番に骨壷に収めます。そのとき二人一組になって竹の箸《はし》などでお骨をはさんで拾う「箸渡し」の風習は三途の川を渡してあげる橋渡しの意味からきているようですが、いまはこだわらないようです。

最後に係員が骨壷を骨箱に入れて白布で包んでくれますので、喪主が野位牌を持ち、他の遺族が骨箱と遺影を持って家に帰ります。

中陰壇の前で還骨の読経をする

火葬のあいだに自宅に遺骨を迎える準備をするため、親族のなかから留守番の人を残しておきます。

留守番の人は、四十九日の満中陰までまつる中陰壇《ちゅういんだん》を仏壇の前に用意します。仏壇がない部屋では本尊をまつります。そして、玄関や門口に清めのための塩を小皿に盛り、ひしゃくと水を用意します。

火葬場から帰った人は、塩を胸や背中にふり、留守番をしていた人にひしゃくで水を手にかけてもらい、清めます。

中陰壇に遺骨を安置し、住職に還骨《かんこつ》の読経をしていただきます。これを「還骨勤行《かんこつごんぎょう》」といいます。遺族らは住職の後ろにすわって焼香します。最近では、つづけて初七日《しょなぬか》法要をすることも多くなっています。これを「繰り上げ初七日」といいます。

●中陰壇

野辺送りと三日斉

墓地まで車を利用することが多くなったので葬列を組むことも少なくなりましたが、野辺送りでは、先火《せんか》（高張提灯《たかはりちょうちん》）、散華《さんげ》（花籠《はなかご》）、龍頭《りゅうず》、弔旗《ちょうき》、花輪《はなわ》、蓮華《れんげ》（紙製）、供物《くもつ》、職《しき》衆《しゅう》（伴僧）、導師、位牌持ち、飯《めし》持ち、水桶《みずおけ》持ち、香炉持ち、紙華《しか》（四花）持ち、天蓋《てんがい》持ち、棺または遺骨など、そのあとにその他の親族、そして一般会葬者がつづきます。位牌は相続人が持ち、以下血縁の近いものから飯や水桶などを持つならわしです。紙華は、お

●野辺送り

釈迦さまの入滅の際に沙羅双樹《さらそうじゅ》が白く変色した故事によるとか、かつて埋葬地を占うために四方に立てた矢が起源ともいわれています。

墓地に到着したら、「右遶三匝《うにょうさんそう》」といって、右回りに三周まわります。これは、発心《ほっしん》（悟りを求める心をおこす）、修行（仏道を修める）、菩提《ぼだい》（悟りを開く）、涅槃《ねはん》（やすらぎの世界に入る）という四つの門をめぐることを意味しています。

また、土葬の時代には翌日、「塚かため」といって埋葬地に六角塔婆《ろっかくとうば》を建てました。そこで、納骨した翌日、お墓の前に親族が集まって僧侶に読経していただくことが慣例化したようです。これを「三日斉《みっかさい》」といいます。

最後に精進落とし

葬儀が終わったら、住職をはじめ、残っていただいた会葬者に感謝の気持ちを込めて酒食の接待をします。これを「精進《しょうじん》落とし」（お斎《とき》）といいます。本来は四十九日の満中陰まで肉や魚を断ち、これを機に通常の生活にもどる区切りの意味でした。席順は、住職を最上席とし、世話役や友人がつづき、親族、遺族、喪主は末席にすわります。喪主は末席から葬儀が無事終了したお礼のあいさつをし、遺族は各席をまわってもてなします。

●精進落とし（お斎）の席次の例

お葬式のお礼は翌日出向く

枕経、通夜・葬儀から還骨まで導師をつとめていただいた住職や僧侶へのお礼は、あらためて葬儀の翌日に喪主や親族の代表がお寺に出向きます。ただし、「御車代」や「御膳料」は当日その場でお渡しします。

最近では、謝礼も葬儀が済んで僧侶が帰られる際に差し上げることが多いようですが、これは略式なので「本来ならば、お礼にうかがうべきところですが、お託《ことづ》けしてまことに失礼いたします」と一言添えましょう。

僧侶への謝礼に「読経料」「戒名料」と書く方もいますが、正式には奉書包《ほうしょづつみ》に「御布施」と表書きします。半紙で中包みして白い封筒あるいは不祝儀袋に入れてもかまいません。そして、小さなお盆などにのせて差し出します。このほうが、直接手渡すよりもていねいです。

謝礼の金額は、お寺で規定を設けている場合にはそれにしたがいます。「志でけっこうです」といわれ、見当がつかないときは、僧侶の人数も考慮し、檀家総代や町内会の世話役などに相談して決めます。

また、世話役やお手伝いの方々、そして近所にもあいさつにまわります。

第6章

真言宗の法事

❶中陰法要と年回（年忌）法要
❷法事の営み方

法事は人生の無常を知るよい機会

大切な人を亡くした遺族の悲しみやつらさは、死の直後だけではなく、ときには数年もつづくことがあります。

仏教では、四十九日《しじゅうくにち》や一周忌、三回忌などに法事（正式には法要という）を行ないます。これは遺族の悲しみを段階的にやわらげていくグリーフワークともいえます。

グリーフワークというのは、大切な人を亡くした深い悲しみをさまざまなかたちで表にあらわすことで、その事実を受け入れていく心の作業のことです。

喪失感や悲嘆を乗り越えるプロセスは人によって千差万別です。もしグリーフワークが正しく行なわれなければ、悲しみを無理に抑制することで心身症に陥る危険もあります。あるいは生きる力を失ってしまう場合さえあります。

遺族は誰もがこの喪失体験を乗り越えなければなりません。法事は人生が無常であることに気づかせてくれ、亡き人をよい思い出に変えてくれます。また、自分自身の人生の意義を自覚する、よい機会です。

ですから私たちは法事をないがしろにせずに、縁者そろっておつとめしたいものです。

七日ごとに行なう中陰法要

亡くなった日を含む四九日間を「中陰《ちゅういん》」といい、七日ごとに七回の法要を行ないます。

中陰は「中有《ちゅうう》」ともいい、死者は四九日目に死後の行き場所が決まるという、古代インドの思想を背景としたものです。ここから「四十九日の冥土《めいど》の旅」がいわれるようになり、故人が無事に成仏してくれることを祈る追善供養の意味で行なわれています。

なお、関西では「お逮夜《たいや》」といって、忌日の前夜に法要を営むことが多いようです。

十三仏は悲しみを癒す知恵

地域によっては、中陰法要や年回（年忌）法要のときに十三仏をまつる風習があります。

これは、前述の中陰中の七回の忌日と、百カ日、一周忌、三回忌に『地蔵十王経《じぞうじゅうおうきょう》』にもとづく冥土の十王が故人の罪を審判するという中国の思想が平安時代に日本に伝わって、さらに七回忌、十三回忌、三十三回忌が加わり、鎌倉時代に本地垂迹説《ほんじすいじゃくせつ》を受けてこれに仏・菩薩《ぼさつ》が配置されて十三仏となりました。

中陰法要や年回法要は、大切な人を亡くし

た悲しみを癒《いや》していくためにインド・中国・日本の文化を統合した知恵なのです。

忌明け後は本位牌に替える

中陰中は白木《しらき》の内位牌《うちいはい》と遺骨をまつった中陰壇（104頁参照）が設けられます。

中陰法要はほとんどの場合、自宅に住職を迎えて遺族だけで行なわれますが、満中陰《まんちゅういん》（四十九日）には、親族や、故人ととくに親しかった友人などを招いて営みます。これで忌明けとなりますので中陰壇は片付けます。内位牌は菩提寺《ぼだいじ》に納め、塗りの本位牌に替えます。遺骨は納骨するまで小机に置き、遺影は仏壇の外に飾ります。また、会葬者に御礼状と香典返しを発送します。

中陰の期間が三月《みつき》にわたる場合、「四十九《しじゅうく》（始終苦）が三月（身に付く）」という語呂合わせから五七日《いつなぬか》（三五日目）で忌明けとする風習がありますが、迷信です。

百カ日は「卒哭忌《そっこくき》」ともいわれ、悲しみで泣き明かしていた遺族も少しは気持ちが落着くことを意味しています。百カ日も遺族だけでつとめることが多いようです。

また、一周忌までの期間を「喪中《もちゅう》」といい、中陰後にはじめて迎えるお盆を「初盆《はつぼん》」または「新盆《にいぼん》」と呼びます。

●忌日と十王・十三仏

(死亡日を一として　*のみ例外)

忌日	十王・十三仏
初七日《しょなぬか》(七日目)	秦広王《しんこうおう》・不動明王《ふどうみょうおう》
二七日《ふたなぬか》(一四日目)	初江王《しょこうおう》・釈迦如来《しゃかにょらい》
三七日《みなぬか》(二一日目)	宋帝王《そうたいおう》・文殊菩薩《もんじゅぼさつ》
四七日《よなぬか》(二八日目)	五官王《ごかんおう》・普賢菩薩《ふげんぼさつ》
五七日《いつなぬか》(三五日目)	閻魔王《えんまおう》・地蔵菩薩《じぞうぼさつ》
六七日《むなぬか》(四二日目)	変成王《へんじょうおう》・弥勒菩薩《みろくぼさつ》
七七日《しちしちにち》(四九日目)［満中陰=忌明け］	泰山王《たいせんおう》・薬師如来《やくしにょらい》
百カ日(一〇〇日目)	平等王《びょうどうおう》・観音菩薩《かんのんぼさつ》
一周忌(死亡の翌年*)	都市王《としおう》・勢至菩薩《せいしぼさつ》
三回忌(二年目)	五道転輪王《ごどうてんりんおう》・阿弥陀如来《あみだにょらい》(無量寿如来《むりょうじゅにょらい》)
七回忌(六年目)	阿閦如来《あしゅくにょらい》
十三回忌(一二年目)	大日如来《だいにちにょらい》
三十三回忌(三二年目)	虚空蔵菩薩《こくうぞうぼさつ》

祥月命日・月命日にはおつとめを

一般に「法事」と呼んでいるのは、年回（年忌）法要のことです。

死亡した日と同月同日の「祥月命日《しょうつきめいにち》」に合わせて年回法要を営みます。

年回法要は、亡くなって一年目が一周忌、それ以降は二年目が三回忌（亡くなった年を一と数えるため）、六年目が七回忌となります。その後は十三回忌、十七回忌、二十三回忌、二十七回忌、そして一般には三十三回忌で弔い上げとし、祖先の霊に合祀《ごうし》されます。

なお地域によっては、二十三回忌と二十七回忌を略して二十五回忌を行なう場合もあります。特別な方については、「遠忌《おんき》」と称して五〇年ごとに法要が行なわれます。

また、月ごとの命日を「月命日《つきめいにち》」または「月忌《がっき》」といいます。とくに亡くなった翌月の命日は「初月忌《はつがっき》」と呼ばれます。

地域によっては、年回法要以外の年の祥月命日や月命日にも住職を迎えて自宅の仏壇の前でおつとめをする風習があるようです。そのときは、家族そろって住職の後ろにすわっておつとめします。

できれば、こうした日には家族そろって朝夕のおつとめをしたいものです。

●年回（年忌）法要早見表

死亡年＼法要	一周忌	三回忌	七回忌	十三回忌	十七回忌	三十三回忌
1976（昭和51）年	1977	1978	1982	1988	1992	2008
1977（昭和52）年	1978	1979	1983	1989	1993	2009
1978（昭和53）年	1979	1980	1984	1990	1994	2010
1979（昭和54）年	1980	1981	1985	1991	1995	2011
1980（昭和55）年	1981	1982	1986	1992	1996	2012
1981（昭和56）年	1982	1983	1987	1993	1997	2013
1982（昭和57）年	1983	1984	1988	1994	1998	2014
1983（昭和58）年	1984	1985	1989	1995	1999	2015
1984（昭和59）年	1985	1986	1990	1996	2000	2016
1985（昭和60）年	1986	1987	1991	1997	2001	2017
1986（昭和61）年	1987	1988	1992	1998	2002	2018
1987（昭和62）年	1988	1989	1993	1999	2003	2019
1988（昭和63）年	1989	1990	1994	2000	2004	2020
1989（昭和64、平成1）年	1990	1991	1995	2001	2005	2021
1990（平成2）年	1991	1992	1996	2002	2006	2022
1991（平成3）年	1992	1993	1997	2003	2007	2023
1992（平成4）年	1993	1994	1998	2004	2008	2024
1993（平成5）年	1994	1995	1999	2005	2009	2025
1994（平成6）年	1995	1996	2000	2006	2010	2026
1995（平成7）年	1996	1997	2001	2007	2011	2027
1996（平成8）年	1997	1998	2002	2008	2012	2028
1997（平成9）年	1998	1999	2003	2009	2013	2029
1998（平成10）年	1999	2000	2004	2010	2014	2030
1999（平成11）年	2000	2001	2005	2011	2015	2031
2000（平成12）年	2001	2002	2006	2012	2016	2032
2001（平成13）年	2002	2003	2007	2013	2017	2033
2002（平成14）年	2003	2004	2008	2014	2018	2034
2003（平成15）年	2004	2005	2009	2015	2019	2035
2004（平成16）年	2005	2006	2010	2016	2020	2036
2005（平成17）年	2006	2007	2011	2017	2021	2037
2006（平成18）年	2007	2008	2012	2018	2022	2038
2007（平成19）年	2008	2009	2013	2019	2023	2039
2008（平成20）年	2009	2010	2014	2020	2024	2040
2009（平成21）年	2010	2011	2015	2021	2025	2041
2010（平成22）年	2011	2012	2016	2022	2026	2042
2011（平成23）年	2012	2013	2017	2023	2027	2043
2012（平成24）年	2013	2014	2018	2024	2028	2044
2013（平成25）年	2014	2015	2019	2025	2029	2045
2014（平成26）年	2015	2016	2020	2026	2030	2046
2015（平成27）年	2016	2017	2021	2027	2031	2047
2016（平成28）年	2017	2018	2022	2028	2032	2048

併修は、やむをえず行なうもの

一般的に、一周忌と三回忌は親族や故人の友人を招いて盛大に営まれます。それ以降の年回法要は家族だけで行なうことが多いようです。

年回法要は故人一人ずつそれぞれに行ないたいものですが、一年経つか経たないうちに年回法要の忌日がつづくことがあります。

たとえば、父親の十三回忌と祖父の三十三回忌が同じ年になったという場合です。このときは法要を合わせて行なうことがあり、これを「併修《へいしゅう》」または「合斎《がっさい》」といいます。

ただし、併修をできるといっても、故人が夫婦や親子であるという近い関係で、しかも七回忌を過ぎていることが条件になります。また、中陰法要と年回法要を併修することはしません。併修をする場合は、菩提寺の住職にあらかじめ相談しましょう。

法要の日取りは、早いほうの祥月命日に合わせることが多いようです。それは、仏事をないがしろにしないように、という戒めからいわれてきたことです。

また、併修を行なってもそれぞれの祥月命日には、住職を迎えてお経をあげていただきたいものです。

法事の青写真を描き、菩提寺に相談

法事（年回法要）を行なうときにもっとも重要なのは日取りと場所です。僧侶や参会者の都合もありますので、できれば半年前、遅くとも三カ月前には準備をはじめましょう。

祥月命日に行なうのがいちばんですが、参会者の都合を考えて週末に法要を行なうことが多くなりました。日にちをずらす場合は、祥月命日より遅らせないようにします。

そして、檀家《だんか》の多いお寺では法事が休日に集中するので、まず菩提寺に希望する日時の連絡をします。もしも年回忌の年がわからなくなってしまったときは、菩提寺にある過去帳を調べてもらいます。

場所は、自宅かお寺、あるいは斎場が考えられます。参会者の人数やお寺の事情、地域の風習などによって異なります。また、当日お墓参りを行なうか、お斎《とき》をどのようにするかなど、全体の青写真を描いてみます。

日時や場所などが正式決定したら、参会していただく方へ案内状を出します。

お斎の料理、引き出物などの準備がありますから早めに送付します。また、返信用のハガキを同封するなどして出欠の確認をとるようにするとよいでしょう。

ふだんより豪華な仏壇の荘厳にする

法事のときには、故人の位牌を上段に安置し、仏壇の荘厳《しょうごん》をふだんより豪華にします（48・49頁参照）。

前述のように、十三仏を中陰忌日や年回法要に合わせてまつるのもよいことです。

平常は三具足《みつぐそく》のところを、できれば五具足《ごぐそく》にして、高坏《たかつき》に菓子や果物《くだもの》などを盛り、精進料理を盛り付けた霊供膳《りょうぐぜん》をそなえます。参会者からいただいた供物などは仏壇の脇に台を設けてそなえるようにするとよいでしょう。

過去帳があれば、故人の法名《ほうみょう》（戒名《かいみょう》）が記されている頁を開いておきます。

自宅で法事を行なう場合には、法事用の祭壇を別につくります。また、回し焼香にすることが多いようです。お盆の上に、火だねと抹香を入れた角香炉《かくこうろ》を用意します。焼香の作法は葬儀のときと同様です（98頁参照）。不明な点は住職にたずねます。

回し焼香用の角香炉

●法事の進行例

1 **僧侶の出迎え**……施主が控えの部屋に案内する ▼
2 **参会者着座**……施主、血縁の深い順にすわる ▼
3 **施主の開式のあいさつ** ▼
4 **僧侶（導師）着座** ▼
5 **読　経**……導師に合わせて唱和する ▼
6 **焼　香**……施主、血縁の深い順に焼香する ▼
7 **法　話** ▼
8 **施主の閉式のあいさつ**…その後の予定を説明する ▼
9 **お墓参り** ▼
10 **お斎**…施主は末席からあいさつする。引き出物を渡す ▼

法事に招かれたらまず本尊に合掌礼拝

法事に招かれた方は念珠《ねんじゅ》を持参し、到着したらまず仏壇に手を合わせます。法事は日ごろ疎遠になりがちな親族が顔を合わせるよい機会ですが、仏事のために参集したことを忘れてはいけません。

香をたいて本尊に合掌礼拝《らいはい》し、持参した供《く》物料《もつりょう》を仏壇にそなえます。このとき、リンを鳴らすのはまちがいです。リンは読経のときだけに鳴らすものと心得ておきたいものです。

供物料の表書きは「御仏前《ごぶつぜん》」とします。

お墓参りと塔婆供養

法事が終わったら、お墓参りをします。

このとき、故人への供養として板塔婆《いたとうば》をそなえます（126頁参照）。板塔婆は事前に施主が菩提寺に依頼しておきます。塔婆料は、お寺によって決まっているので、たずねてかまいません。何基もお願いするときは、供養者の名前を紙に書いて届けるようにしましょう。

塔婆供養をしたい参会者は、法事の案内状の返信時にその旨を伝え、当日、供物料とは別に「御塔婆料」として施主に渡します。

引き出物と僧侶への謝礼

施主にとって、お斎の料理や引き出物はとても気をつかうものですが、そればかりに気をとられないようにしたいものです。

引き出物の表書きは「粗供養《そくよう》」あるいは「志」とし、お斎の終了間際に参会者に渡します。そして、末席からあいさつをします。

僧侶への謝礼は「御布施」とし、お見送りする際に「御車代」とともに渡します。また、僧侶がお斎に列席されないときには折詰を差し上げるか、「御膳料」を包みます。

第7章

真言宗のお墓

❶お墓とは
❷開眼法要・納骨法要
❸お墓参りの心得

お墓は故人や先祖を供養する聖地

お墓は遺体や遺骨を埋葬した目じるしであり、故人や先祖を供養する聖地として大切にされてきました。

お墓の原形は塔です。荼毘《だび》に付《ふ》されたお釈迦さまの遺骨を「仏舎利《ぶっしゃり》」といいますが、八つに分骨されました。お釈迦さまを慕う人々がそれぞれの国に持ち帰り、仏舎利塔を建ててまつったのです。そこからまた、さらに分骨されて数多くの仏舎利塔が建てられました。そして、そのまわりに礼拝《らいはい》施設や僧房ができて寺院となりました。お経にはしばしば塔を建てることの功徳《くどく》が強調されています。

中国や日本では五重塔などが盛んに建てられました。それが真言宗では大日如来や五智如来をまつる根本大塔となり、その石造りのものが五輪塔と呼ばれ、お墓となりました。

また、仏舎利塔は古代インドのサンスクリット語で「ストゥーパ」といいます。これを漢語に音写したのが「卒塔婆《そとうば》」です。

日本に伝わった仏舎利塔は、ひとつはお墓となり、もうひとつは追善供養として立てる角塔婆や板塔婆となりました。つまり、お墓とは、故人や先祖のおかげで私たちがいまあることに感謝するための場所なのです。

墓地を買うときは宗派を確認

墓地を購入するというのは、土地を買うことではなく、墓地の永代使用権料をまとめて支払うことです。この権利は、直系の子孫が代々受け継ぐことができます。

さて、墓地を購入する際に気をつけたいことがあります。それは宗派についてです。

墓地は、運営母体によって、寺院墓地、公営墓地、民間墓地に分かれます。

都道府県、市町村などの自治体が運営している公営墓地や、郊外に大規模な霊園をつくって運営している民間墓地では、宗派を問わないところがほとんどです。

しかし、寺院墓地を求める場合には、そのお寺の檀家《だんか》になることが条件になります。当然、仏事はすべてそのお寺の宗派の作法で行なわれることになります。あとでトラブルになることのないようかならず宗派を確認し、納得して契約するべきです。

命は自然に還るという真理

現在もっとも多いのは、一家で一基のお墓を代々受け継いでいく家墓《いえばか》（家族墓）です。

真言宗では、墓石の正面に「○○家之墓」の文字とその上に種字《しゅじ》（94頁参照）を刻みます。家名や家紋を入れるならば、台石や左右の花立てに刻むようにします。そして、法名《ほうみょう》や死亡年月日などは墓石の側面などに刻みますが、埋葬者が多くなると刻みきれないので別に墓誌を建てます。

また、五輪塔が建てられます。五輪塔に刻まれる梵字《ぼんじ》（古代インドのサンスクリット語）は、宇宙を構成する「空・風・火・水・地」の五大をあらわしています。

五大とは仏さまの命であり、真言密教の本尊である大日如来そのものです。

つまり、命は自然に還《かえ》るという真理をあらわしているのです。ですから真言宗では、再婚の場合や姓がちがう家族を同じお墓に合祀してもかまいません。

●真言宗のお墓

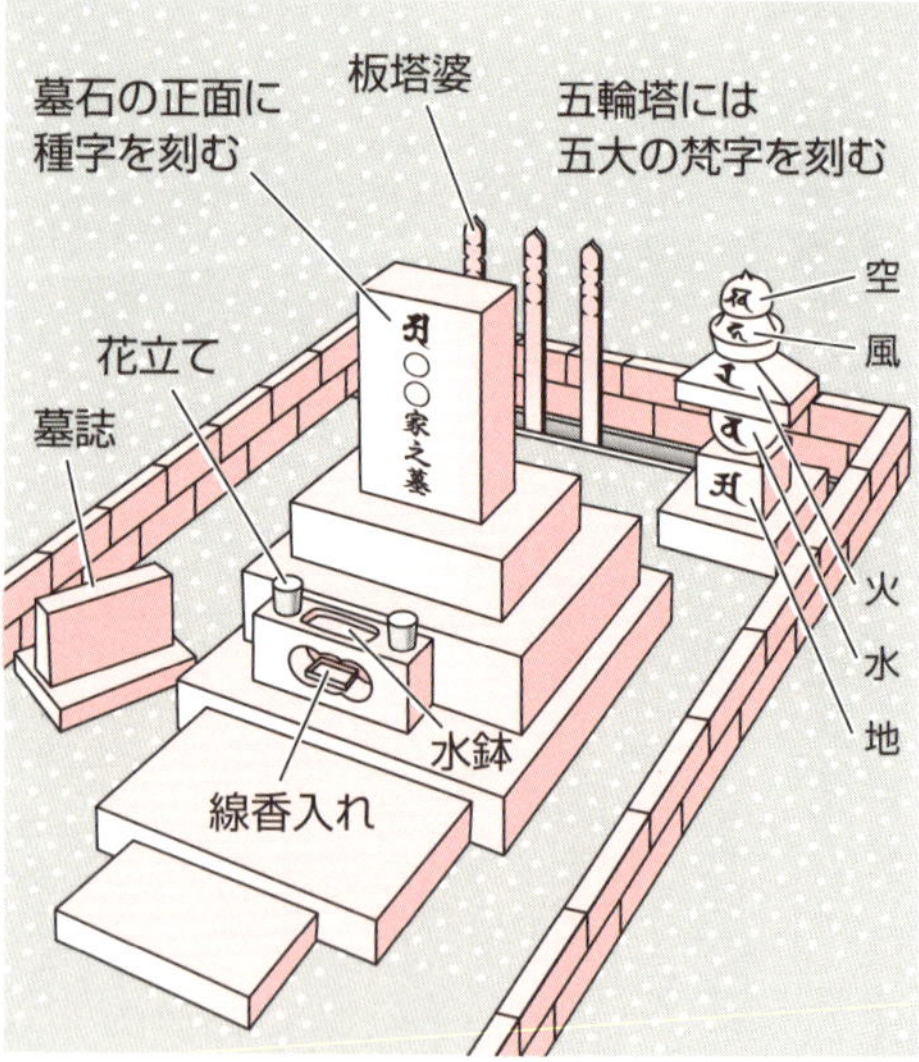

お墓を建てたら開眼法要を行なう

新しくお墓を建てるときは、一周忌や三回忌などに合わせることが多いようです。お墓が完成したら住職に来ていただいて、開眼《かいげん》法要を行ないます。

また、お墓を移すことを「改葬」といいますが、もとのお墓で御霊《みたま》抜きの法要を行ない、遺骨を掘り出し、新しいお墓に入れるときに開眼法要を行ないます。

改葬するときは、もとのお墓の管理者から「埋葬証明書」を、新しいお墓の管理者から「受入証明書」をもらい、この二つの証明書をもとのお墓の所在地の役場に提出して「改葬許可証」の交付を受ける必要があります。

もとのお墓が寺院墓地にあった場合は、御霊抜きの法要に対する布施と、墓地の整理費用を分けて支払います。布施は、これまでの先祖供養に対するお礼の意味もありますから、できるだけのことをしたいものです。

納骨の時期はさまざま

遺骨をお墓に納めることを「納骨」といいます。納骨の時期は、家庭の事情や地域の風習などによってさまざまです。

すでにお墓があれば、四十九日《しじゅうくにち》の満中陰《まんちゅういん》に納骨することが多いようですが、火葬後すぐに納骨する地域も少なくありません。

納骨の際には納骨法要を営みます。

塔婆供養をして冥福を祈る

納骨法要や法事では追善供養の意味で、塔の形を平面化して細長い板の形にした板塔婆に故人の法名などを書いて、墓石の後ろに立てます。これを「塔婆供養」といいます。

板塔婆は、故人への手紙ともいわれます。塔婆の表に書かれている梵字は五大と年忌の仏さまをあらわし、仏さまの世界の住所を示しています。その下の宛名はもちろん法名で書かれます。裏には大日如来の加護をあらわす梵字と大師ご宝号、差出年月日、差出人である施主の名前が明記されます。そして、菩提寺の住職に開眼のためにお経をあげていただくことで、故人に施主の真心が届くのです。

●板塔婆

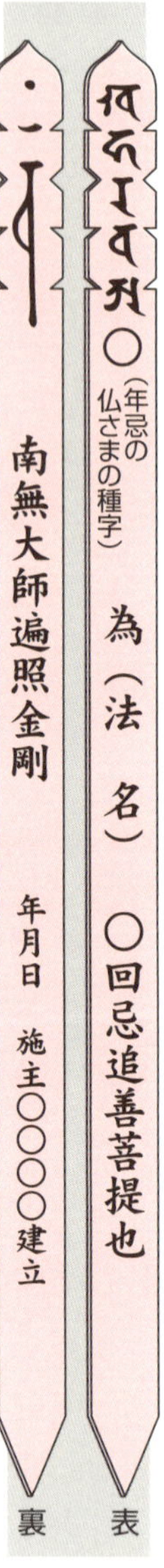

お墓参りに行ったら本堂にもお参りする

多くの方が毎年のお盆やお彼岸《ひがん》、そして法事の際などにお墓参りをします。

菩提寺の近くにお墓があるならば、まず本堂にお参りすることを忘れてはいけません。お盆やお彼岸の時期には法座が開かれていることが多いので、ぜひ参列して、他の檀家の方とともに読経し、法話に耳を傾けるとよいでしょう。

また、お墓の管理事務所にもきちんとあいさつをします。

はじめに掃除をし、供物は持ち帰る

お墓参りに行くときは、線香やろうそく、生花、供物《くもつ》など、それから念珠《ねんじゅ》もかならず持参します。

毎月のようにお参りをしているなら、当日、雑草を抜いて、墓石を洗うくらいでよいのですが、そうでない場合は事前に掃除をしておきます。掃除用具は持参するか、管理事務所で借りられるところもあります。

お墓の周囲をきれいにしたら生花を飾り、水鉢にも水を満たします。お菓子や果物《くだもの》などの供物は二つ折りにした半紙を敷いてそなえます。そして一人ひとり、線香をそなえ、念珠を持って合掌します。できれば読経したいところですが、「南無《なむ》大師《だいし》遍照金剛《へんじょうこんごう》」と大師ご宝号をとなえるだけでいいでしょう。

お参りが済んだら火の始末をして、生花以外の供物はすべて持ち帰ります。供物をそのままにすると腐ったり、カラスなどが食い荒らして周辺を汚すことになるからです。

お墓参りの習慣をつける

最近では、お彼岸が連休になっていることもあり、家族そろって郊外の霊園にお墓参りに行くついでにレジャーを楽しむということも多いようです。

せっかくの機会ですので、子供や孫たちに作法を教え、お墓参りの習慣を伝えていってもらいたいものです。

故人の命日にはもちろん、思い立ったときに先祖のお墓の前で、静かに自分の心と対話するのはとてもよいことです。

第8章

心が豊かになる真言宗の名言

生《うま》れ生れ生れ生れて
生《せい》の始めに暗く、
死に死に死に死んで
死の終《おわ》りに冥《くら》し

『秘《ひ》蔵《ぞう》宝《ほう》鑰《やく》』

●いただいた命を精一杯生きる

『秘蔵宝鑰』は空海の最晩年の著書で、『十《じゅう》住心論《じゅうしんろん》』の要約書です。その序文の末尾にあるのがこの言葉です。

「自分が何のために生まれてきたのかわかっている人はいないし、死んだらどうなるかもわからないのが人生だ（だから、早くそれに気づいて、いまを大事によりよい生き方をせよ）」というわけですが、空海はまた「真《ま》っ暗闇《くらやみ》のなかから生まれてきたのだから、死も怖くはないよ」といいたかったのではないでしょうか。

地球に生命が誕生して以来、果てしない命の循環が繰り返されて現在があるように、あなたの志は死後も生きつづけるのです。

雑学《ぞうがく》、心を惑わして
一生をして
空《むな》しく過ごさしむることなかれ

『五輪九字明秘密釈《ごりんくじみょうひみつしゃく》』

●あなたは寄り道先で何を得られるか

「極楽往生《ごくらくおうじょう》するためにはどのような修行法があるのでしょうか」と問われて、すべては即身成仏につながると考える覚鑁《かくばん》はいくつかの修行法をあげてから、「雑多な学問や知識に心を乱して極楽往生を忘れ、一生を空《むな》しく過ごすようなことがあってはならない」と述べたそうです。

私たちはどうでしょう。あっちへフラフラ、こっちへフラフラの寄り道人生ではないでしょうか。しかし、覚鑁はそれを否定しません。たとえ寄り道をしたとしても、何かを得て本線にもどれば、人間的に深みが出て、さらに充実した人生になると教えています。

不同にして同なり、
不異にして異なり

『即身成仏義《そくしんじょうぶつぎ》』

●〝真理〟という共通の光

空海は「密教の仏陀《ぶっだ》観や人間観、世界観から見れば、私たちは大日如来と同等の資質やはたらきを秘めている。しかしそれは、同じではないが同じ、異ならないが異なる」といっています。

人間一人ひとり、顔かたちがちがうように、価値観や生き方もちがいます。一見バラバラに見える個人ですが、万人に共通の光は存在すると空海は信じていたのです。それが曼荼《まんだ》羅《ら》の中央にいる大日如来です。

人間の個性も、自然界の山や川、動物も植物も、すべては曼荼羅なのです。みなそれぞれに居場所があり、役割があるのです。

覚《さと》れるものを大覚《だいかく》と号し、
迷えるものを衆生《しゅじょう》と名づく

『声字実相義《しょうじじっそうぎ》』

●経験が人間を大きくする

「法身《ほっしん》である大日如来と、人身《じんしん》である私たちとのちがいは、真理を悟っているか、煩悩に迷っているか、だけである」

たとえていうならば、大日如来は澄んだ水で、私たちは濁った水です。しかし、同じ水には変わりはないということです。

『声字実相義』には、「耳に入るいっさいの響きは大日如来の声であり、目に見えるいっさいの現象は大日如来の文字である」と説かれています。つまり、森羅万象が大日如来の教えといえます。

空海は、煩悩具足の私たちに「経験から学べ」と励ましてくれているのです。

それ仏法《ぶっぽう》遥《はる》かにあらず、
心中にして即《すなわ》ち近し。
真如外《しんにょほか》にあらず、
身を棄《す》てて何《いず》くんか求めん

『般若心経秘鍵《はんにゃしんぎょうひけん》』

●人生の明暗は自分の責任

「仏さまやその教えは、はるか彼方に存在しているのではない。私たちの心の中にあり、すぐ間近なものである。真理は私たちの外にあるのではない。この身を捨ててどこに求められようか」

つづけて、「迷いも悟りも自分次第なのだから、悟りに目を向ければ、いますぐにでも悟りに到達できる。人生の明暗もすべて自分の責任なのだから、仏さまの教えを信じ、修行を重ねることによって真理を体得することができる」といっています。

私たちは、仏さまのような広い心を持ち、とらわれの心を捨て去りたいものです。

顕薬《けんやく》塵《ちり》を払い、真言《しんごん》庫《くら》を開く

『秘蔵宝鑰《ひぞうほうやく》』

●自身の心を直視する方法

「顕教《けんぎょう》（密教以外の仏教）も人を悟りと救いに導く薬ではあるが、それは心という宝蔵の外の塵を払うようなもので、宝蔵の中にじかに入るものではない。その宝蔵に入るには鍵《かぎ》が必要だが、その鍵は密教だけが握っている」

『十住心論』に説く、悟りに至る一〇段階の心の在りようのうち、最終段階の第十住心「秘密荘厳心《ひみつしょうごんしん》」だけが即身成仏できる密教で、ほかは顕教だが、すべては密教に包括されるというのが空海の結論です。空海はまた「顕《けん》密《みつ》は人にあり」といっています。つまり、それぞれの理解の仕方に応じて、一〇段階のどこから入ってもよいということです。

自心《じしん》に迷うが故《ゆえ》に
六道の波、鼓動《くどう》し、
心原を悟るが故に、
一大の水、澄静《ちょうじょう》なり

『秘蔵宝鑰《ひぞうほうやく》』

●自身の執着心が自らを苦しめている

「自我（自己意識）にとらわれて迷っているから心がさまざまに波打つのであり、自分は本来、仏であると自覚すれば、水は澄み静まるのである」という意味です。

「自身の心をよく見よ」といわれますが、これが至難のわざで、空海も第九住心「極無《ごくむ》自性心《じしょうしん》」を説明する文中に「近くて見難《みがた》しは我《わ》が心」と書いています。

即身成仏まであと一歩の状態ですが、人間は本能的に苦の原因を外に求めようとします。自分の無知や下劣な心を見たくないからです。その執着心が煩悩であり、自らを苦しめていることに気がつかないでいるのです。

加持《かじ》とは如来の大悲と衆生《しゅじょう》の信心とを表す

『即身成仏義《そくしんじょうぶつぎ》』

●願いをかなえてくれる三つの力

真言密教では、大願成就のためには三つの力が合致しなければならないといわれています。それは、わが功徳力《くどくりき》（自身の努力）と如来の加持力《かじりき》（仏さまの加護）、そして法界力《ほうかいりき》（周囲の協力）、この三つです。

二番目の加持力について、空海は「大日如来の慈悲心と、それを感じとる人々の信仰心とが一体化することである」といっています。まず、自分で努力しないのは論外ですが、努力しさえすれば、かならず願いがかなうわけでもありません。自分を後押ししてくれる大きな力と、周囲の人たちに対する感謝の気持ちを忘れないようにしたいものです。

言って行《おこな》わずんば
何《なん》ぞ猩猩《しょうじょう》に異《こと》ならん

『秘《ひ》蔵《ぞう》宝《ほう》鑰《やく》』

●有言実行の人は断る勇気を持っている

猩猩《しょうじょう》とは、人間の言葉を理解し、酒を好むという猿に似た想像上の動物のことです。

「口ばかりが達者で行動がともなわないならば、猩猩と同じではないか」

空海は喝破しています。

有言不実行は最悪です。たとえば、無理な注文に対して、「努力します」というのは簡単です。「できません」と断るには勇気がいります。しかし、できないのならハッキリと断ることです。それが信用につながります。

空海のような〝実行の人〟をめざすのは大変ですが、〝有言不実行を行なわない人〟をめざすことなら勇気があればできるはずです。

法は人によって弘《ひろ》まり、
人は法を持って昇る
『秘蔵宝鑰《ひぞうほうやく》』

●教えることにケチになるな

「仏法は、私たち一人ひとりが前向きに生きることによって世の中にひろまり、また私たちはその真理に導かれて正しく生きることができる」

この言葉は、正しい教育の姿勢にも通じています。知識を得て自分のものにするには、それを教えてくれる人が必要ですが、それ以上に教わる側の知りたいという前向きな意識が大切です。そして知識を得たなら、それを自分のものだけにせず、仲間に伝えひろめずにはいられない気持ちになるのが本来なのです。こうして知る喜びを分かち合い、お互いに成長することができるのです。

其《そ》の道弘《ひろ》めんと欲《おも》わば、
必ず須《すべか》らく其《そ》の人に飯《はん》すべし

『続性霊集《ぞくしょうりょうしゅう》』

●支え合う心が明るい未来をつくる

『性霊集』の散逸部分を集めて編纂《へんさん》したのが、『続性霊集』です。

「その道をひろめようと思うならば、ひろめている人に食べ物を与えなければならない」

空海は「みな等しく仏子である」という立場から庶民に開放された日本初の民間学校である綜藝種智院《しゅげいしゅちいん》を開きました。教えをひろめようとする者も、学ぼうとする者も貧富の隔てなく、みな等しく教え学ぶ環境が必要であり、それが広い意味で衆生救済につながると考えました。ですから、学問を志す彼らのために、衆生救済を願う人々は経済的な援助をしてほしいと要請しているのです。

良工の材を用《もち》うるに、その木を屈せずして廈《か》を構《かま》う

『性霊集《しょうりょうしゅう》』

●体験から得た教訓は人の心を打つ

「腕のいい大工は、材料となる木材のもともとの筋目を生かして家を建てる」

この言葉につづいて「聖君《せいくん》人を使うに、その性《しょう》を奪わずして所を得しむ」（すぐれた統治者もまた、人材を登用するにあたって、それぞれの人間性を大切にし、その個性が生かせる人事を行なう）といっています。

良工の材木の用い方と、聖君の人材の登用の仕方が相通じているという空海の巧みな比《ひ》喩《ゆ》です。空海は、高い理想と哲学を究めるいっぽう、文芸や書道、建築、土木工学などにも精通していました。知識に裏打ちされた教えは人々の心に響いたにちがいありません。

虚空《こくう》尽き、衆生《しゅじょう》尽き、
涅槃《ねはん》尽きなば、
我《わ》が願いも尽きなん

『続性霊集《ぞくしょうりょうしゅう》』

● 一人ひとりがみんなの幸せを祈る

八三二年、空海が五九歳のときに高野山《こうやさん》で行なった万燈万華法会《まんどうまんげほうえ》（万燈会《まんどうえ》）での願文《がんもん》の一節です。

「この大空がなくなり、迷える人々がいなくなり、この世が仏国土のように平和になるまで、私はその願いを捨てません」というこの誓願には、空海の宗教者としての情熱がほとばしっています。

万燈会は、四恩（父母・国王・衆生・三宝《さんぼう》）に報恩感謝するもので、現在も毎年行なわれています。父母がいて、国が営々とつづき、人々が支え合って暮らし、仏・法・僧に見守られているからこそ、現在の私があるのです。

参考文献
（順不同）

『智山檀信徒叢書①「智山勤行式」のおつとめの仕方』真言宗智山派宗務庁
『智山檀信徒叢書④発心式・結縁灌頂・阿字観』真言宗智山派宗務庁
『智山檀信徒叢書⑤仏教徒としての生き方を知ろう』真言宗智山派宗務庁
『生きる力〈菩提寺と檀信徒〉No.13　仏事のいとなみかたとその意味』真言宗智山派宗務庁
『わが家の宗教　真言宗』佐藤良盛著　大法輪閣
『うちのお寺は真言宗』藤井正雄総監修　双葉社
『真言宗のしきたりと心得』高野山真言宗仏教習俗研究会監修　池田書店
『普及版　よくわかる仏事の本　真言宗』池口恵観監修　世界文化社
『お経　真言宗』勝又俊教編著　講談社
『よくわかる密教のすべて』大栗道榮著　日本文芸社
『密教の本　驚くべき秘儀・修法の世界』学研
『真言密教の本　空海伝説の謎と即身成仏の秘密』学研
『日本の仏教』渡辺照宏著　岩波新書
『仏事の基礎知識』藤井正雄著　講談社
『葬儀・戒名――ここが知りたい』大法輪閣
『仏教名言辞典』奈良康明編著　東京書籍

◆監修者プロフィール

小峰彌彦（こみね・みちひこ）

1945（昭和20）年、東京都出身。

大正大学仏教学部仏教学科卒。同大学大学院博士課程修了。

大正大学学長。東京都・真言宗智山派観蔵院住職。

著書に、『曼荼羅図典』『真言密教とマンダラ』『図解・曼荼羅の見方』『図解・別尊曼荼羅』（以上、大法輪閣）、『大乗経典解説事典』（北辰堂）、『般若心経に見る仏教の世界』（大正大学出版会）など多数がある。

日本人として心が豊かになる
仏事とおつとめ　真言宗

発行日　2008年 2 月26日　初版第1刷発行
　　　　2018年11月27日　　　第3刷発行

監　修　小峰彌彦
編　著　株式会社 青志社
装　幀　桜井勝志（有限会社アミークス）
発行人　阿蘇品 蔵
発行所　株式会社 青志社
〒107-0052　東京都港区赤坂6-2-14 レオ赤坂ビル4F
Tel（編集・営業）　03-5574-8511
Fax　03-5574-8512
印刷・製本　慶昌堂印刷株式会社

ISBN978-4-903853-19-2 C2015